底线把控

中国社会发展趋势与风险防范

杨宜勇　李璐　等著

中国工人出版社

图书在版编目（CIP）数据

底线把控：中国社会发展趋势与风险防范 / 杨宜勇等著.
—北京：中国工人出版社，2021.10
ISBN 978-7-5008-7750-9

Ⅰ.①底… Ⅱ.①杨… Ⅲ.①经济发展趋势—研究—中国
②社会发展—研究—中国 Ⅳ.①F12

中国版本图书馆CIP数据核字（2021）第215798号

底线把控：中国社会发展趋势与风险防范

出 版 人	王娇萍
责任编辑	罗荣波
责任印制	栾征宇
出版发行	中国工人出版社
地　　址	北京市东城区鼓楼外大街45号　邮编：100120
网　　址	http://www.wp-china.com
电　　话	（010）62005043（总编室） （010）62005039（印制管理中心） （010）62382916（工会与劳动关系分社）
发行热线	（010）82029051　62383056
经　　销	各地书店
印　　刷	北京市密东印刷有限公司
开　　本	700毫米×1000毫米　1/16
印　　张	18.5
字　　数	200千字
版　　次	2022年2月第1版　2023年3月第2次印刷
定　　价	68.00元

序　言

事非经过不知难。党的十八大以来，面对云谲波诡的国际形势、复杂敏感的周边环境、艰巨繁重的改革发展稳定任务，以习近平同志为核心的党中央始终坚持底线思维，增强忧患意识，提高防控能力，着力防范化解重大风险，确保了经济持续健康发展和社会大局稳定，实属不易。凡事预则立，不预则废。今天，我们比历史上任何时期都更接近、更有信心和能力实现中华民族伟大复兴的目标。行百里者半九十。中华民族伟大复兴，绝不是轻轻松松、敲锣打鼓就能实现的。越是接近实现民族复兴的目标，遇到的阻力和压力就越大。因此，如何精准预见风险、预防风险、化解风险是各地各级领导干部需要进一步加强的一种执政能力，需要在实际工作中不断历练。

一、努力培养前瞻能力，始终坚持底线思维

理论永远是实践的先导，没有正确的理论，就没有正确的行动。近年来，习近平总书记围绕防范化解重大风险发表的一系列重要论述，立意高远，内涵丰富，思想深刻，对于我们切实做好防范化解重大风险的各项工作，战胜前进道路上的各种艰难险阻，全面建设

社会主义现代化国家，实现第二个百年奋斗目标、实现中华民族伟大复兴的中国梦，都具有十分重要的指导意义。

众所周知，经济发展和社会发展是一个硬币的两面。进入新发展阶段，由于不确定性的增加，防范重大社会风险与防范重大经济风险显得同等重要。坚持底线思维，需要我们牢记“稳”就是底线，“稳”是第一位的，切实运用底线思维界定和防范风险。任何时候，我们只有把困难和挑战估计得充分一些，把应对各种复杂局面、意外情况的预案做得周密细致一些，积极寻求规避系统性风险、化解复杂矛盾、谋求创新发展的路径和方法，才能遇事不慌、临危不乱，进而胸有成竹、按部就班，确保在风险可控范围内顺利实现各项发展目标，高效推动党和国家事业行稳致远。

凡事必须争取主动，避免被动。习近平总书记多次强调，要坚持底线思维，不回避矛盾，不掩盖问题，凡事从坏处准备，努力争取最好的结果，做到有备无患、遇事不慌，牢牢把握主动权。2019 年 1 月 21 日，习近平总书记在省部级主要领导干部坚持底线思维着力防范化解重大风险专题研讨班开班式上发表重要讲话，强调要坚持底线思维，增强忧患意识，提高防控能力，着力防范化解重大风险，保持经济持续健康发展和社会大局稳定。对此我们必须坚决维护，认真落实。

没有黄连苦，怎知蜂蜜甜。2021 年 2 月 20 日，习近平总书记在党史学习教育动员大会上进一步指出：我们要抓住建党一百年这个重要节点，从具有许多新的历史特点的伟大斗争出发，总结运用党在不同历史时期成功应对风险挑战的丰富经验，做好较长时间应对外部环境变化的思想准备和工作准备，不断增强斗争意识、丰富斗争经验、提升斗争本领，不断提高治国理政能力和水平，从最坏处着眼，做最充分的准备，朝好的方向努力，争取最好的结果。显而易见，只有时刻准备应对重大挑战、抵御重大风险、克服重大阻力、解决重大矛盾，坚持和发展中国特色社会主义，坚持和巩固党的领导地位和执政地位，才能使我们的党、我们的国家、我们的人民永远立于不败之地，确保伟大的社会主义事业万古长青。

二、始终保持高度自信，不断强化忧患意识

生于忧患，死于安乐。安逸享乐往往能使人得到精神上的满足、物质上的享受，但这往往是堕落的开端；忧愁祸患的确会给人带来身心上的痛苦，但却是催人奋进的精神食粮。个人之于一个家庭是如此，集体之于一个国家也是如此。而且，增强忧患意识也是贯彻新发展理念的应有之义。没有忧患何来创新？没有问题何来协调？没有污染何求绿色？没有前瞻何来开放？没有不合理差距何求共享？

人在奋斗的过程中是要有一种精神的，国家也是如此。唯有精神上站得住、站得稳，一个民族才能在历史洪流中屹立不倒、挺立潮头。在谈到增强“四个自信”时，习近平总书记说过：文化自信，是更基础、更广泛、更深厚的自信。在五千多年文明发展中孕育的中华优秀传统文化，在党和人民伟大斗争中孕育的革命文化和社会主义先进文化，积淀着中华民族最深层的精神追求，代表着中华民族独特的精神标识。我们要弘扬社会主义核心价值观，弘扬以爱国主义为核心的民族精神和以改革创新为核心的时代精神，不断增强全党全国各族人民的精神力量。

其实，增强“四个自信”和忧患意识是相互统一的。习近平总书记在学习贯彻党的十九大精神研讨班开班式上的重要讲话中强调：增强忧患意识、防范风险挑战要一以贯之。回顾中国共产党发展的百年辉煌历史，忧患意识不仅为我国“站起来”提供了强大的精神动力，而且为我国“富起来”奠定了重要的思想基础，为我国“强起来”提供了坚强的思想支撑。生于忧患，死于安乐。改革开放以来，我们党反复强调要奋斗就会有困难有风险，要求全党同志一定要增强忧患意识、居安思危，清醒地看到前进道路上的困难和风险。特别是党的十八大以来，习近平总书记反复强调要增强忧患意识，并把增强忧患意识、防范风险挑战提到前所未有的历史高度。他苦口婆心地多次告诫全党要树立底线思维，多次用“木桶原理”警示全党既要善于补齐短板，更要注重加固底板。防控和化解各种重大风险，就是加固底板。他循循善诱地指出，前进道路不可能一帆风顺，越是取得成绩的时候，越是要有如履薄冰的谨慎，越是要有居安思危的忧患，重点要防控那些可能迟滞或中断中华民族伟大复兴进程的全局性风险，绝不能犯战略性、颠覆性错误。在新时代，我们只有增强忧患意识，树立风险意识，才能下好先手棋、打好主动仗。

面对各种纷繁复杂的风险交织，我们不能被困难所吓倒，必须要有一种知难而进、迎难而上的革命精神和斗争精神。面对未来，我们要一以贯之地推进党的建设新的伟大工程，以党的自我革命来推动新时代坚持和发展中国特色社会主义这场伟大社会革命。无论遇到什么样的风险挑战和复杂局面，我们都要坚信，有习近平新时代中国特色社会主义思想的指引、有党中央的坚强领导、有社会主义制度的政治优势、有中华民族的强大凝聚力，一切困难都可以战胜！

三、积极增强防控意识，不断提高防控能力

明者防祸于未萌，智者图患于将来。面对未来前进道路上的各种风险挑战，我们必须始终保持高度警惕，既要高度警惕“黑天鹅”事件，也要防范“灰犀牛”事件；既要有防范风险的先手，也要有应对和化解风险挑战的高招；既要打好防范和抵御风险的有准备之战，也要打好化险为夷、转危为机的战略主动战。这是打好未来各种风险防御战和歼灭战的重要思想法宝。

我将无我，不负人民。党的十八大以来，习近平总书记以前所未有的高度历史责任感，高屋建瓴地统筹中华民族伟大复兴战略全局和世界百年未有之大变局，围绕着力防范化解政治、意识形态、经济、科技、社会、外部环境、党的建设等领域重大风险作出深刻分析、提出明确要求，引领“中国号”巨轮乘风破浪、勇毅前行，展现出马克思主义政治家、思想家、战略家的深刻洞察能力、科学决策能力、高超驾驭能力，这是我们各级领导干部学习的榜样。

天下顺治在民富，天下和静在民乐。守土有责、为官一任，必须造福一方。江山就是人民，人民就是江山，守江山就是守人民的心。因此，维护社会大局稳定，要切实落实保安全、护稳定各项措施，下大气力解决好人民群众切身利益问题，全面做好就业、教育、社会保障、医药卫生、食品安全、安全生产、社会治安、住房市场调控等各方面工作，不断增强人民群众获得感、幸福感、安全感。

应对综合风险，必须树立系统观念。习近平总书记在党的十八届五中全会第二次全体会议上指出：需要注意的是，各种风险往往不是孤立出现的，很可能是相互交织并形成一个风险综合体。对可能发生的各种风险，各级党委和政府要增强责任感和自觉性，把自己职责范围内的风险防控好，不能把防风险的责任都推给上面，也不能把防风险的责任都留给后面，更不能在工作中不负责任地制造风险。

应对重大风险，必须要发扬斗争精神。习近平总书记在党的十九大报告中明确指出：社会是在矛盾运动中前进的，有矛盾就会有斗争。我们党要团结带领人民有效应对重大挑战、抵御重大风险、克服重大阻力、解决重大矛盾，必须进行具有许多新的历史特点的伟大斗争，任何贪图享受、消极懈怠、回避矛盾的思想和行为都是错误的。

应对复杂风险，必须要有政治意识。中国特色社会主义进入新时代，站在新的历史起点上，我国发展既面临重大历史机遇，也面临不少风险挑战。有外部风险，也有内部风险；有一般风险，也有重大风险。从国际来看，世界正处于大发展大变革大调整时期，和平与发展仍然是时代主题。同时，世界面临的不稳定性不确定性突出，世界经济增长动能不足，国际范围内保护主义倾向抬头，贫富分化日益严重，地区热点问题此起彼伏，恐怖主义、网络安全、重大传染性疾病、气候变化等非传统安全威胁持续蔓延，人类面临许多共同挑战。特别是西方敌对势力从来没有停止对我国实施“西化”“分化”战略，从来没有停止对中国共产党领导和我国社会主义制度进行颠覆破坏活动，始终企图在我国策划“颜色革命”。对此，我们千万不能麻痹大意、心慈手软，一旦放松警惕就可能酿成大祸。

应对实际风险，必须不断塑造全方位的能力。显而易见，构建新发展格局，不仅需要提高事业拓展能力，而且需要提高风险防控能力。在社会主义现代化建设的新征程上，不可能都是平坦的大道，我们将会面对许多重大挑战、重大风险、重大阻力、重大矛盾，领导干部必须有强烈的担当精神。领导干部不仅要有担当的宽肩膀，还得有成事的真本领。既要大胆讲政治，又要善于讲政治；既要矢志抓发展，又要善于抓发展；既要勇于抓改革，又要善于抓改革；既要敢于直面矛盾和问题，又要善于化解矛盾和问题；既要有想干事、真干事的自觉，又要有会干事、干成事的本领。主动有效防范和化解风险，必须增强“四个意识”，坚定“四个自信”，统揽伟大斗争、伟大工程、伟大事业、伟大梦想，统筹推进“五位一体”总体布局，协调推进“四个全面”战略布局，才能奋力开创新时代中国特色社会主义事业新局面。

幸福是奋斗出来的。2019 年 1 月 21 日，习近平总书记在省部级主要领导干部坚持底线思维着力防范化解重大风险专题研讨班开班式上告诫全党：防范化解重大风险，是各级党委、政府和领导干部的政治职责，大家要坚持守土有责、守土尽责，把防范化解重大风险工作做实做细做好。只有科学预见形势发展走势和隐藏其中的风险挑战，才能真正做到未雨绸缪。各级干部还要敢于担当、敢于斗争，年轻干部要到重大斗争中去真刀真枪干。以“踏平坎坷成大道，斗罢艰险又出发”的顽强意志，应对好每一场重大风险挑战，切实把改革发展稳定各项工作做实做好。

四、善于总结历史经验，勇于开拓未来社会

防范各种风险，必须持之以恒、永不懈怠。习近平总书记指出：功成名就时做到居安思危、保持创业初期那种励精图治的精神状态不容易，执掌政权后做到节俭内敛、敬终如始不容易，承平时期严以治吏、防腐戒奢不容易，重大变革关头顺乎潮流、顺应民心不容易。越是不容易，我们共产党人就越要做到。中国共产党人的忧患意识，就是忧党、忧国、忧民意识，就是使命和担当，这是马克思主义政党区别于其他形形色色政党的显著特征。全党同志要深刻认识面临的执政考验、改革开放考验、市场经济考验、外部环境考验的长期性和复杂性，深刻认识面临的精神懈怠的危险、能力不足的危险、脱离群众的危险、消极腐败的危险的尖锐性、严峻性，始终做到居安思危、知危图安，把防风险摆在突出位置，以永不懈怠的精神状态和一往无前的奋斗姿态把中国特色社会主义伟大事业不断推向前进。

防范各种风险，必须不忘初心、牢记使命。我们要认真学习贯彻习近平总书记在庆祝中国共产党成立一百周年大会上的讲话精神，在新的征程上，我们必须增强忧患意识、始终居安思危，贯彻总体国家安全观，统筹发展和安全，统筹中华民族伟大复兴战略全局和世界百年未有之大变局，深刻认识我国社会主要矛盾变化带来的新特征新要求，深刻认识错综复杂的国际环境带来的新矛盾新挑战，敢于斗争、善于斗争，逢山开道、遇水架桥，勇于战胜一切风

险挑战!

防范各种风险，必须牢记历史、总结经验。一百年来，中国共产党忠实践行初心使命，团结带领全国各族人民在中国这片广袤的土地上绘就了人类发展史上波澜壮阔的壮美画卷，使近代一百多年饱受奴役和欺凌的中国人民站立起来，使具有五千多年文明历史的中华民族全面迈向现代化，使具有五百多年历史的社会主义思想在世界上人口最多的国家开辟出成功道路，使新中国大踏步赶上时代，中华民族伟大复兴展现出光明前景。党必须铭记生于忧患、死于安乐，常怀远虑、居安思危，继续推进新时代党的建设新的伟大工程，坚持全面从严治党，永远保持同人民群众的血肉联系，践行以人民为中心的发展思想，不断实现好、维护好、发展好最广大人民根本利益，团结带领全国各族人民不断为美好生活而奋斗。

天行健，君子以自强不息；地势坤，君子以厚德载物。一个民族之所以伟大，根本原因就在于在任何困难和风险面前都不放弃、不退缩、不止步，百折不挠为自己的前途命运而奋斗。在青春百年的中国共产党的领导下，从苦难辉煌中走来的中国人民和中华民族，必将在新时代的伟大征程上义无反顾、一往无前，任何风险挑战都阻挡不了中国人民实现更加美好生活的前进步伐，任何风险挑战都阻挡不了中华民族伟大复兴的历史进程！最后的胜利一定属于我们中国!

杨宜勇

2021 年 11 月 11 日写于长安街旁国宏大厦

目　录

| 第一章 |

“十四五”时期我国社会发展重大风险研判

随着我国进入发展关键期、改革攻坚期、矛盾凸显期，经济社会发展中各种风险挑战不断显现，防风险成为我国“十四五”时期乃至未来一个时期的重要任务。如果“十四五”时期内部和外部的、隐性或显性的社会风险之间相互交织、传导、叠加和放大，或者社会风险的影响危及经济发展、国家安全整体和大局，甚至风险可能由“十四五”时期向2035年及未来蔓延并影响国家发展可持续性，则成为“十四五”时期社会发展重大风险。

第一节 社会风险防范的发展路径

一、社会发展重大风险的一般形成逻辑

社会发展风险是指在社会发展过程中，由多种因素影响而危及社会稳定和社会秩序，抑制社会活力和创新能力，进而阻碍社会正常运行和发展的风险。从20世纪50年代末开始，西方学者从不同的学科视角对社会风险问题进行研究，从而形成了一些具有启发性和前瞻性的社会风险理论，其中以德国社会学家乌尔里希·贝克（Ulrich Beck）提出的“风险社会”理论以及卡斯帕森夫妇（Roger E. Kasperson and Jeanne X. Kasperson）、奥温·雷恩（Ortwin Renn）、

保罗・斯洛维奇（Paul Slovic）等人提出的“风险的社会放大”理论为代表。虽然不同的社会风险理论之间在学术观点上存在着一定的差异和争论，但是由于其理论旨趣基本一致，因此我们可以对社会风险理论的主要观点进行概括：一是现代化不仅提供无数机会，同时也制造无数的社会风险；二是社会风险爆发的原因并非单一的、简单的，而是多方面的、复杂的；三是社会风险有浅层与深层以及轻微、一般与重大之分，应区别对待；四是社会风险一旦成为突发性事件，其扩散性极强、危害性极大、失控性极高；五是社会风险对现有的政治、经济、社会、文化等制度都会带来严峻挑战。

社会风险理论还演化出社会风险形成机制、社会风险演化机制以及社会风险治理机制等理论。总体而言，社会风险形成和演化的一般性机制如下。

（一）触发社会危机：群体性事件

社会风险或危机的蔓延是一个由缓慢发展到加速扩展的过程，这个转折有时是通过群体规模信号发生作用的（刘世定，2004）。贝克等（2000）社会学家对个人卷入社会事件的过程做出过分析，奥尔森（2005）用“搭便车”形容群体性行为的形成逻辑。谢林（2005）进一步提出“临界密度”的概念，认为个人在采取了某种行动的其他人达到一定的数量（或一定比例）之后，将会引发相同的行动；而在一个群体中，当参与某种活动的人达到一定最小数量（或一定比例）时，这种活动会自动持续下去。格拉诺维特（1978）用“起始值”来表示个人行动集成集体行动的最低人数。

可见，社会风险的引发就是一个由个体—多个个体—群体性行为组成的聚集过程。例如，群体性事件、大规模失业以及金融挤兑、公共卫生恐慌等风险都是由一定数量的行为聚集引发的，其触发过程如图 1.1 所示。

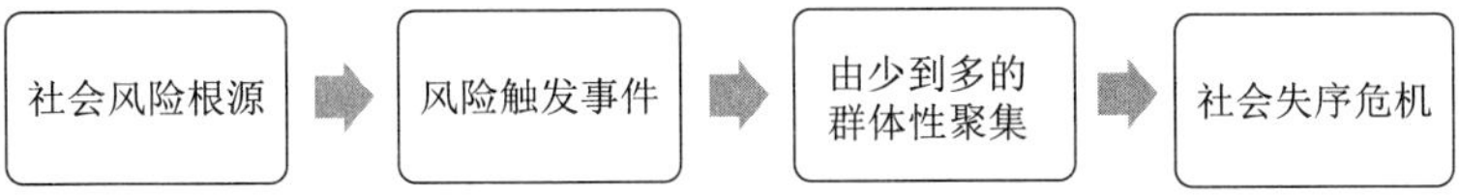

图 1.1 群体性聚集触发危机示意

（二）影响社会稳定：重大突发事件

安全领域的社会风险往往没有聚集过程，而是由重大突发事件或事故引发的，如果处置不当则会引发社会稳定风险，如煤矿、化工厂重大安全事故等。这类风险不是由外部不确定性作用的，而是由长期潜伏堆积的安全隐患突然爆发引起的，其触发过程如图 1.2 所示。

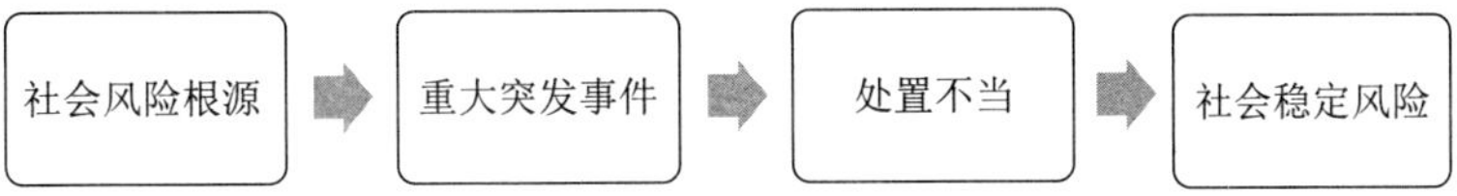

图 1.2 重大突发事件触发稳定风险示意

（三）风险放大器：预期和信心、网络技术

贝克（2018）提到，当前可预见的损害向未来的延伸，部分在于普遍的信心缺失或假想的风险放大器。恐慌等不确定性、丧失社会认同，是社会稳定的大敌。许多不合理、不平衡、不充分的社会现状可能不会在当期引发社会风险，却在社会心理层面埋下了风险根源。一旦风险显性化，这些心理因素则成为风险放大器，助推风险的发展。同样助推风险的还有网络技术，网络加速了群体性行为和心理的聚集速度，进一步放大恐慌，进而导致群体无理性，其作用逻辑如图 1.3 所示。

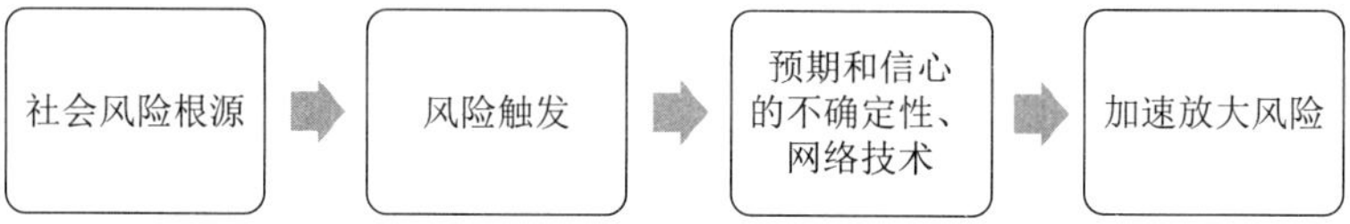

图 1.3　预期和信心、网络技术加速放大风险示意

上述风险触发过程和加速放大风险过程极易在某些关键节点实现串联，如图 1.4 所示。如果在内生的风险酝酿产生过程中，外部的“黑天鹅”事件突然降临，更容易引发“蝴蝶效应”，形成严重的社会后果。

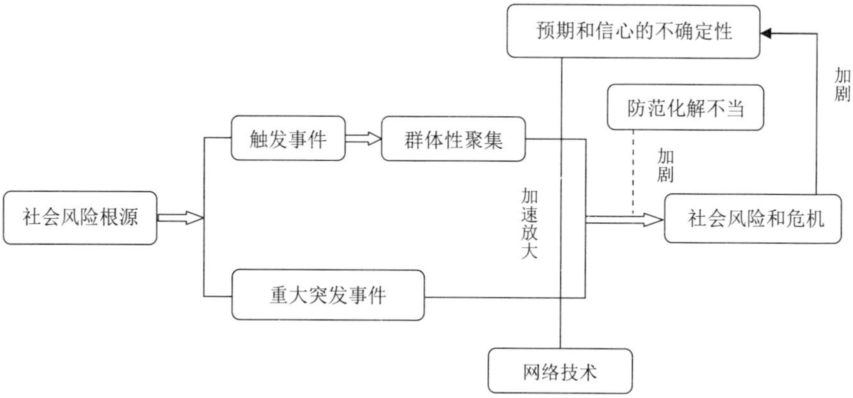

图 1.4　社会发展重大风险形成和放大示意

二、现阶段社会风险的特征与应对情况

（一）现阶段社会风险的特征和发展趋势

1. 显性风险小规模、碎片化

需要看到，伴随改革开放向纵深发展，一些社会风险已经潜藏在我国社会运行的基本过程中。在快速城镇化阶段，社会风险事件集中于征地拆迁问题。随着补偿标准提高、操作规范化以及土地开发强度的降低，我国围绕农村土地的矛盾冲突逐渐弱化，矛盾逐渐向城市集中，围绕劳资纠纷、邻避事件、教育医疗维权等的群体性聚集形式的社会冲突，以及煤矿、化工企业的安全事件时有发生。这些事件总体呈小规模、碎片化频发状态，形成大规模冲突性事件的可能较小。这是由于国内社会流动、社会分化虽然形成了诸多利益冲突领域和冲突点，但也同时形成了多样化的利益格局，有效缓解了冲突和矛盾。

2. 隐性风险加剧且影响深远

从当前人民群众感知的风险来看，风险和影响作用程度具有差异化。既有中美贸易摩擦、裁员潮、房地产波动等形成大规模失业、群体性聚集的显性风险，也有人口结构变动、行政不作为等导致的潜在影响或隐性风险。风险的形态、种类各异，不同风险也存在相互串联的潜在可能。

值得关注的是，社会上影响预期和信心的隐性风险加剧，一些对现状的不满和质疑有蔓延趋势。尤其是在微博、微信等网络媒介上，各种思想交锋不断，其中不乏非理性声音。这一方面是由于改

革开放分化了社会利益群体，一些自身利益受损的群体需要发泄不满情绪；另一方面是由于信息技术扩展了信息交流幅度，从不同角度质疑问题的声音较以往更多。一旦外部环境出现挑战或者内部出现导火线事件，很容易使潜在的不满情绪等汇集和爆发。

3. 经济和社会风险相互交织

当前，我国正处于转型升级的关键时期，经济下行压力明显。近期，互联网金融、非法集资、私募基金等涉众型金融案件频发，有的涉及上亿元资金，牵涉群众较多，有的地区还发生了由于投资损失引发的群众聚集事件。受外部环境和政策影响，股市、房市波动以及地方债潜在隐患等经济风险不断聚集，一旦资产缩水、债务危机导致群体性聚集，则可能成为影响社会治安稳定和发展预期的社会风险，预期不稳反过来又会埋下经济风险的种子。就业、社保、收入分配等领域长期存在的不平衡、不充分问题，将成为抑制经济发展、影响社会稳定的核心风险。

4. 风险涉及人群的阶层逐渐提高

伴随我国由高速发生转向高质量发展，我国社会风险涉及人群也不断发生变化。在高速发展阶段，风险人群主要是征地拆迁农民、分流下岗工人等。当前，在中美贸易摩擦、产业结构调整、收入分配深化改革等形势下，大量外贸、房地产、IT 等行业产业工人和企业主都面临下岗裁员、破产倒闭等风险。

（二）现阶段防范化解风险的情况和问题

1. 防范化解风险应对措施不断提升

当前，我国基本建立起由社会舆情管理、重大决策社会稳定风险评估、社会综合治安和矛盾冲突调节化解等共同组成的制度体系，并不断提高灾害和事故应急处置、危机管理和灾后处置的能力，在防范化解风险和危机管理等方面积累了一定的经验。一旦发生社会风险事件，政府职能部门和综合部门将分别启动风险应急管理预案，涉及安监、食药监、民政、公安、维稳、信访、宣传、网信等多部门配合，能够最大限度实现积极应对和有效化解。

2. 尚缺乏应对复杂联动重大风险的经验

虽然政府在重大决策社会稳定风险评估、突发事件应急响应等方面建立了机制，但面对社会风险事件串联蔓延等重大风险尚缺乏应对经验，一旦出现裁员潮、金融爆雷引发挤兑以及网络谣言煽动等多种风险交叉叠加现象，经济部门、地方政府的处置能力将面临严峻挑战。同时，一些地方政府尤其是基层政府在思想认识、舆论引导、信息发布等风险管理上仍存在严重不足，遇险急于删帖、捂盖，处事简单、急躁，既不利于风险化解，也有可能激化情绪和矛盾。

3. 在经济社会运行层面尚存在许多潜在风险

赵鼎新指出，一个错误政策可能引发一个超大规模的社会负面言论。不可否认，当前有的地区在某些发展领域尚存在政策稳定性差、变来变去等“拉抽屉”现象，导致利益相关者权益受损，可能出现用脚投票、反复上访或者散布不满情绪等负面影响，这些影响可能成为当地的风险根源或者突发风险的助推因素。

第二节 “十四五”时期经济社会发展的潜在风险

“十四五”时期，我国国际形势复杂多变，国内经济面临调整，社会和人口结构不断变化。在内外部环境综合作用下，风险有从经济领域向社会领域蔓延的趋势，且社会领域存在新旧矛盾风险叠加的现象，可能存在引发社会发展重大风险的可能性。

一、内外夹击下的大规模失业风险

（一）“十四五”时期就业结构性矛盾持续存在

第一，由产业转型升级导致的就业挤出风险。随着我国劳动力成本不断上升，为缓解劳动力紧缺压力，不少地方尤其是广东、江苏、浙江等省份已开始实施“机器换人”战略，对部分就业岗位带来挤出效应，尤其是中等技能的岗位可能会不断消失。产业升级、淘汰落后产能等对就业岗位的挤出效应将更加明显。据测算，钢铁、煤炭、水泥、造船业、炼铝和平板玻璃等调整产业结构、化解产能累计会影响职工量约 300 万人，并对上下游部分配套行业就业岗位形成挤出效应。

第二，特殊群体的结构性失业风险。青年群体规模大，但就业意愿、能力错配现象突出。根据《中国教育现代化 2035》的目标，“十四五”时期，我国新增劳动力中受过高中或高等教育的比例达到 95%。由此推算，我国高校毕业生每年还将延续 900 万人以上的规模。高校毕业生的就业风险主要表现在竞争压力大、实际收入低、个人期望高、情绪波动大等方面。2018年，京津冀地区以及珠三角除广州、深圳以外的其他地区对农民工的吸纳能力走低，青年农民工外出到长三角、成渝等地的数量增加，未来受政策和区域发展影响，农民工就业不确定性增强。大龄农民工技能选择范围窄，新生代农民工寻职能力不强以及对待遇、福利的要求过高等倾向明显，导致农民工就业在内外环境冲击下所受影响较为突出。

（二）中美贸易摩擦、全球疫情引发的周期性失业风险将持续扩大

从2018年上半年开始，中美贸易摩擦开始影响中国实体经济和就业，就业影响相对滞后，从2018年下半年逐步显现出来，长三角、珠三角等地外贸型企业及其上下游企业外移、关停现象越来越突出。2020年，受全球疫情影响，我国外贸依赖型企业劳动就业受到直接影响。总体上看，国际经济动荡将对我国部分劳动密集型行业、贸易依存度高的城市和地区就业产生负面影响，导致大量就业岗位损失。如果将上下游受到波及的行业计算在内，那么因进口成本上升、国内需求下降所导致的就业总量减少的规模将更大。目前，学者预测中美贸易摩擦影响国内就业岗位的数量从数十万个到1400万个不等（段炳德，2018；祝宝良，2018）。如果出现外贸型企业大规模失业现象，将导致消费增速进一步下滑，致使企业经营活力持续下降，形成恶性循环。

二、人口结构变化引发养老金穿底风险

（一）人口结构变动导致劳动力分布失衡

老龄化和少子化是我国社会发展的客观趋势，客观上将造成全要素生产率下降、劳动力供给不足、社保基金可持续发展的风险加大等后果。人口聚集和局部地区空心化也是经济社会发展的伴生现象。虽然中小城市的人口吸纳规模较大，但是以城市群为重点，以特大城市、大城市为核心的区域发展思路和动力机制，形成人口的高度聚集且趋势不断增强。根据联合国的预测，预计到2025年，我国城镇人口居住在50万人以下城市的比重将进一步下降到38.2%，而居住在1000万人以上城市的人口比重将进一步提高到12.2%，由此导致乡镇以下人口空心化、老龄化的趋势明显，部分地区存在人口塌陷甚至“鬼城”现象；而中心城市抢人大战不时上演。我国人口区域分布的不平衡将直接影响地区产业布局、收入水平和消费能力，将逐步拉大城乡、区域发展的不平衡，同时还会在特殊区域造成更直接的影响，比如边疆地区人口塌陷导致稳边固边的不利风险等。

（二）养老金穿底带来稳定风险

养老金直接受劳动人口占比的影响。由图1.5可见，通过财政补助，我国企业职工基本养老保险基金当期结余出现赤字的时间从2019年推迟至2028年，但仍难以扭转当期结余的趋势性变化。部分地区由于持续性人口外流，早已出现养老金入不敷出的现象。企业退休人员养老金待遇本身较低，2018年全国企业退休人员平均养老

金仅为 2636 元，如遇养老金穿底，则可能引发社会稳定风险。

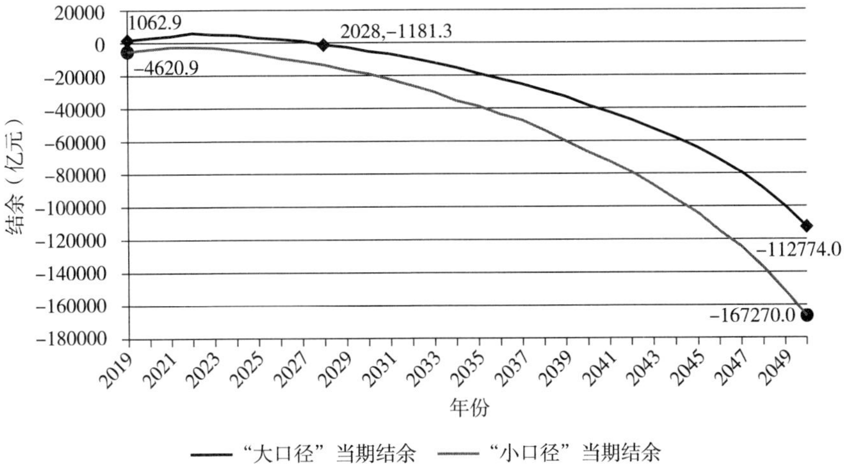

图 1.5 2019—2050 年全国企业职工基本养老保险基金当期结余预测

资料来源：中国社科院世界社保研究中心．中国养老金精算报告 2019—2050. 北京：中国劳动社会保障出版社，2019.

（三）新就业形态中蕴含社会保障风险

灵活就业等新就业形态的法律法规亟待完善，一方面，如果出现劳动争议或法律纠纷，劳动者维权难；另一方面，灵活就业也对社会保障产生压力。

三、收入增速下滑导致的社会风险

（一）城乡差距加大导致发展失衡

在我国高速发展阶段，随着城镇化的推进，劳动力、土地、资本等要素过度向城市集中，农村支援城市的二元发展格局并未打破，城市反哺农村的机制尚未建立。新时期更加严格的耕地保护和环境保护政策等推高了农村发展成本，一些落后地区农村发展缺乏内外动力机制的推动，越发导致城乡发展不协同。如果在“十四五”时期不解决要素配置的问题，落后地区的农村将可能成为基本现代化的短板，城乡分割将进一步深化社会领域的冲突和矛盾。

（二）收入增长乏力加剧不满情绪

近年来，我国处于增长速度换挡、结构调整阵痛、前期刺激政策消化的三期叠加过程中，加之国际上民粹主义盛行、贸易保护主义抬头、反全球化倾向加剧，扩大就业受到一些不利影响，增收动能有所减弱，居民收入增长较为乏力。居民收入实际增速总体呈现放缓的趋势，2016 年达到近五年的最低点 6.3%。虽然 2017 年全国居民人均可支配收入实际增长 7.3%，较 2016 年回升 1 个百分点，但 2018 年实际增长仅 6.5%，稳业增收的压力仍然较大。我国基尼系数连续三年反弹，影响社会公平预期，也抑制了中低收入人群的消费意愿。

四、国内外经济社会安全风险相互呼应

（一）国际社会不稳定态势加剧，国家安全上升为头号大事

目前，我国国际地位不断增强，在搭建国际平台和取得广泛共识的同时，也要未雨绸缪主动预防国际恐怖主义的波及。尤其是国内外融合加深，国内各地分布的外籍非法移民数量不小，对当地社会管理造成潜在挑战。民族问题还将长期存在，需要警惕国际分裂势力与国内形成里应外合。同时，伴随信息技术升级，国家安全重点体现为网络安全，电站、铁路、公共设施等基础领域需要严防网

络安全事故。工信部数据显示，我国工业互联网安全风险依然高发。2019年第一季度，通过对98个工业互联网平台、近4800个平台IP域名、46.7万个工业互联网联网设备进行安全监测，发现疑似风险2466个，其中高、中危漏洞分别占比33.4%、49.4%。亟须警惕内外安全风险形成勾连，造成重大事故和影响。

（二）经济下行中的爆雷案件导致社会恐慌

国内经济领域的安全风险向社会蔓延主要体现在金融领域，包括互联网金融风险、非法集资风险、私募基金风险和上市企业债务风险等。目前P2P网贷机构中，涉众型经济案件持续频发，金融风险领域也不断扩大，防范和化解风险的难度较大。同时，受国际环境波动、产业结构转型等影响，股市和楼市出现大幅波动的可能性增加。金融涉险案件及股市、房市波动涉及金额大、影响幅度宽，容易击穿大众的心理防线，引起社会心理恐慌和社会风险事件。

此外，我国食品药品安全事件仍有发生，生产、交通、防灾减灾任务加剧，传统的社会安全领域的风险也不断加大。

五、社会发展重大风险的关键助推因素

需要看到，一个社会运行中有些因素的存在本身不造成风险后果，但却在风险到来之际，放大或加速了风险爆发的程度和风险后果，成为风险助推器。

（一）社会焦虑、不满和质疑将助推催化风险

随着改革开放进一步深化，我国将更多主体纳入制度体系的压力不断加大，增量改革中伴随存量结构调整。一方面，在高质量发

展要求下，传统政府治理的思路和方式遭受质疑和挑战，市场主体、社会主体要求对制度和政策体系进行整合协同、升级迭代，要求更为公平、公正的社会进步价值观。政府与市场、社会的融合不足，政府把持优势资源、对市场和社会协同的调动能力不足的现象仍然存在。另一方面，社会各阶层的认同感和满意度存在影响。底层向上流动空间缩窄，中等收入群体承受压力大、认同感不足，一些民营企业主、高校科研人员甚至公务员群体等较高社会阶层的收入、声望和社会地位不匹配而导致认同感差。社会上存在一定的焦虑、不满、质疑等情绪，可能成为社会风险的催化和助推力量。

（二）技术和网络将放大安全和伦理等风险

我国已经成为网络大国。中国互联网信息中心发布的数据显示，截至 2021 年 6 月，我国网民规模达 10.11 亿人，较 2020 年 12 月增长 2175 万人，互联网普及率达 71.6%。十亿网民形成了规模量大、渗透力强的数字社会，互联网应用和服务的广泛渗透构建起数字社会的新形态，网络也成为政务办理、社交娱乐的主要媒介。同时，网络攻击、网上诈骗、网络病毒传播等安全问题也不断升级。

随着云计算、物联网、人工智能、生物技术等新技术的快速推广和应用，要提防技术不成熟、不兼容对现有经济和金融系统、社会运行系统、国家信息安全等带来的潜在安全风险。要关注人工智能、机器人应用对社会伦理、社会结构的深层次影响。

因其便捷性，网络技术已成为当今社会日常运行的媒介和助手，但在风险和危机来临时则可能成为助推器。如果新闻媒体、网络等不在政府与公众之间、政策制定者与政策受众之间进行有益的信息传递，则可能引发负面效应。同时，现代社会自媒体盛行，受民粹主义思潮等影响，也会出现很多不实言论甚至“煽风点火”，扩大了社会风险事件的影响幅度，产生不良影响。

（执笔人：李璐）

主要参考文献：

［1］Becker, Gary S.& Kevin M . Murphy. Social Economics: Market Behavior in a Social Environment, Cambridge : Harvard University Press, 2000.

［2］Granovetter, Mark. Threshold Models of Collective Behavior，The American Journal of Sociology, 1978（6）.

［3］乌尔里希·贝克 . 风险社会：新的现代性之路，张文杰、何博闻译 . 南京：译林出版社，2018.

［4］刘世定 . 危机传导的社会机制 . 社会学研究，2009（2）.

［5］托马斯·C . 谢林 . 微观动机与宏观行为，谢静、邓子梁、李天有译 . 北京：中国人民大学出版社，2005.

［6］国家发展改革委经济研究所课题组 .“十四五”及未来一个时期内我国社会结构变化的新情况、新趋势和新要求研究 . 内部研究报告，2018.

［7］国家信息中心 . 大数据分析人民群众感知的风险点 . 内部报告，2019.

［8］徐林 . 建言“十四五”规划：合理目标与全方位创新 . 财新网，2019.5.27.

［9］中国社科院世界社保研究中心 . 中国养老金精算报告 2019—2050. 北

京：中国劳动社会保障出版社，2019.

[10] 中国互联网络信息中心 . 中国互联网络发展状况统计报告 . 内部报告，2019.

[11] 国家互联网信息办公室 . 数字中国建设发展报告（2017）. 内部报告，2018.

[12] 中国信息通信研究院 . 中国数字经济发展和就业白皮书（2018）. 内部报告，2019.

[13] 段炳德 . 中美贸易摩擦对我国制造业就业的潜在影响分析 . 中国劳动关系学院学报，2018（6）.

[14] 赵鼎新 . 当前中国最大的潜在风险 . 二十一世纪评论，2019（6）.

| 第二章 |

社会发展重大风险的演进与治理

第一节　社会发展重大风险的形成机制

“十四五”时期，我国将进入中国特色社会主义建设的新阶段。在这一阶段，我国经济社会发展将迎来新的发展机遇，同时也将面临各种各样的风险和考验。在这里，我们将对政治、经济、社会、文化、生态领域诱发社会发展重大风险的因素进行系统梳理，并按照“风险因素—风险事件—风险承担者—风险损失”的基本思路，对“十四五”时期我国社会发展重大风险的形成机制进行分析。

一、因政治问题引发的社会不稳定现象

在国家安全体系中，政治安全居于最核心的地位，是国家安全的根本。所谓国家安全，是指国家主权、政权、政治制度、政治秩序以及意识形态等方面免受威胁、侵犯、颠覆、破坏的客观状态。现阶段，我国的国家安全集中表现为保持中华人民共和国的主权独立、领土完整，对内坚持中国共产党的领导、人民民主专政、社会主义政治制度和社会政治秩序稳定、马克思主义意识形态的主导地位。近年来，我国社会政治大局稳定，但也面临暴力恐怖活动、民族分裂活动、宗教渗透和邪教破坏活动、网络政治安全等诸多风险挑战。“十四五”时期，我国将迎来新的发展机遇，同时也将面临新

的挑战，其中政治安全方面存在的各种风险因素需要引起高度重视，避免政治安全风险演化成社会发展重大风险。

二、因经济风险引发的群体性维权事件

在国家安全体系中，经济安全处于最基础的地位，是国家安全的基础。对于经济安全，我们可以从国家和个人两个层面来理解其内涵：国家层面的经济安全指的是经济全球化时代一个国家保持其经济存在和发展所需资源有效供给、经济体系独立稳定运行、整体经济福利不受恶意侵害的状态和能力，即一个国家的国民经济发展和经济实力处于不受根本威胁的状态；个人层面的经济安全指的是个人能够获得稳定收入或其他资源从而在目前及可预见的将来能够维持一定的生活标准，包括潜在的持续偿付能力、个人未来现金流的可预测性、就业安全等。

"十四五"时期，随着供给侧结构性改革进一步深入推进，我国经济将获得新的发展动能，经济发展的基本面将保持长期向好的态势。然而，需要注意的是，在这一时期，我国的经济发展仍然存在一些不容忽视的风险因素。一旦某些风险因素对民众的经济利益、财产安全、就业安全等造成严重损害，则可能引发群体性维权事件，进而诱发社会发展重大风险。

三、因社会政策引发的利益诉求争议

长期以来，由于多方面的原因，我国的社会发展在一定程度上滞后于经济发展，从而引发许多深层次的社会问题。近年来，党和

国家坚持以人民为中心的发展思想，制定和出台各项重大政策和措施，极力保障和改善民生，社会建设领域取得了长足的进展，社会发展滞后于经济发展的状况有所改观。然而，与发达国家相比，尤其是与人民群众对美好生活的向往相比，我国的社会发展整体水平仍然相对落后，集中表现为因社会政策与利益诉求之间的落差而导致的社会矛盾冲突仍然较为尖锐，具体体现在以下几个方面：一是我国收入分配政策对缩小收入差距的效果尚未充分体现，这与广大民众的心理预期存在着较大的差距；二是基本公共服务均等化发展方面仍然存在着不充分不平衡的状况，区域之间、区域内部以及不同基本公共服务项目之间的发展水平均呈现出不充分不平衡的态势，这与广大民众对全面小康的理解与体验存在差距；三是应对社会重大突发事件的社会政策体系不健全、不完备的状况尚未得到根本改观，许多地方政府仍然处于事发后疲于应付和补救的状态，这与广大民众对有效、有为政府的期待存在差距。

“十四五”时期，我国将进入新发展阶段，广大民众对美好生活向往的利益诉求将进一步升级。在这种情况下，如果社会政策与民众的利益诉求不能实现“同频共振”，那么二者之间的落差将可能导致社会矛盾和冲突。

四、因文化风险引发的社会冲突

“十四五”时期，全媒体融合发展的格局将进一步形成和深化。与此同时，随着5G、人工智能、数字经济等的加速发展和转型升级，文化信息的传播速率将进一步加快，国内外文化交流的频率、深度、广度、领域将不断扩展。此外，随着社会扁平化趋势进一步明晰，中产阶层规模不断壮大，社会再组织化将进入新的发展阶段。在这种情况下，无论是外来的阶层文化，还是内生的阶层意识，其传播和扩散都将是一种全新的挑战。如果其得不到有效引导和管控，将可能引发因阶层诉求得不到有效满足而爆发的社会冲突。

五、因生态环境风险引发的群体性事件

在国家安全体系中，生态安全占据着非常重要的地位，因为其不仅是一个国家生存和发展的生态环境屏障，也对国际甚至整个世界的生存和发展产生影响。通常情况下，生态环境风险首先通过爆发生态环境事故或者污染事件，对某一区域内民众的生存和发展产生负面影响，进而引发其反对，并可能导致社会发展重大风险的产生。长期以来，我国一些地区采取的粗放式经济社会发展方式对生态环境造成较大损害。与此同时，我国复杂多样的生态环境也导致生态环境风险易发、多发，且容易造成重大生命财产损失和生态破坏。与一些发达国家相比，我国应对生态环境风险的应急处置机制尚未健全，需要有关部门加以重视。

第二节　社会发展重大风险的演化机制

与政治、经济、文化、军事等其他风险相比，社会发展重大风险的演化以激化社会矛盾为起点，基本呈现出“激化社会矛盾—破

坏社会秩序—导致社会失衡—爆发社会危机”的演化路径。我们将遵循这一路径，对“十四五”时期我国社会发展重大风险的演化机制进行分析。

一、社会发展重大风险导致社会矛盾冲突激化

一旦社会发展重大风险爆发，深层次的社会矛盾冲突将被激化，从而使社会发展重大风险进入其演化的第一阶段。在这一阶段，无论是政治、经济、社会领域的风险因素引发的社会发展重大风险，还是文化领域和生态领域的风险因素引发的社会发展重大风险，其首先是触发深层次的社会矛盾，从而引起其走向激化，进而向更深层次、更宽领域、更广范围扩展，政治利益、经济利益、社会利益、文化利益、生态利益等方面的矛盾冲突可能一步步演化为群体性甚至社会性的社会矛盾冲突。

在这一阶段，社会发展重大风险涉及的社会矛盾和社会冲突往往局限于特定区域内的特定群体或者阶层。比如，某个地区因环境污染引发的群体性事件。然而，由于这些社会矛盾、社会冲突触及区域内或者区域外其他群体和阶层的共同利益，引起这些群体和阶层的共鸣，从而引发受害者（受害者群体）与施害者（施害者群体）之间的矛盾和冲突。在现代社会环境下，尤其是当前的互联网社会环境下，任何个体或者群体之间的矛盾和冲突都不可能孤立存在。相反，随着传播媒介（报纸、广播、电视、互联网）的介入，这些矛盾和冲突可能向更广的范围和更深的层次扩展，进而对社会正常秩序造成不同程度的破坏。如果这些社会矛盾和社会冲突具有本源

性的特征，那么其对社会秩序的破坏力将是广泛的，其诱发全局性社会发展重大风险的可能性也是极高的。

二、社会发展重大风险导致社会秩序受到破坏

在正常的社会运行状态下，社会秩序通常具有以下几个方面的基本特征：一是社会结构的相对稳定。也就是说，所有的社会成员都被纳入一定的社会关系体系之中，每一个人都具有相对确定的社会地位，各个社会成员及其各种社会地位之间的关系都被特定的社会结构明确界定。二是各种社会规范得以正常施行与维护。为维持特定社会关系或者社会结构的稳定性，人们往往借助于反映和适合社会大众需要的社会规范，并寄希望于这些社会规范得到广泛的遵守和执行。三是将无序和冲突控制在一定的范围内。社会矛盾和冲突无处不在、无时不有，有时其甚至会导致社会的失序或无序，为了维护正常的社会秩序，必须将这些矛盾和冲突控制在一定的范围内，防止其蔓延和升级。

从相反的视角来看，如果源于特定个体或者群体之间的社会矛盾和社会冲突动摇了正常社会秩序的根基，那么其将向相反的方向转化：首先，相对稳定的社会结构将出现裂缝甚至被动摇，社会成员在社会关系体系中的相对位置因社会秩序遭受破坏而陷入动荡，原有社会结构对社会成员的规范作用也将减弱甚至彻底消失。其次，当社会成员从原有的社会结构中“脱域”，那么基于原有社会结构的社会规范对社会动员的规范和约束作用将减弱甚至彻底消失，源于特定个体或者群体之间的矛盾和冲突更有可能向更广的范围、更深

的层面蔓延和升级。最后，随着社会矛盾和社会冲突的升级，社会秩序将遭受重大的甚至是根本性的破坏，整个社会可能陷入失序甚至于无序的状态。社会的失序和无序意味着社会稳定的根基受到重创，社会失控的可能性陡然增加，爆发社会危机的可能性（即社会发展重大风险）也将随之增大。

三、社会发展重大风险导致社会稳定失衡

从更宏观的层面来看，维护正常社会秩序的根本目的在于维持社会稳定。所谓社会稳定，是指一定地域内人类群体的合作系统（包括政治管理系统、经济运行系统、生产交往系统和文化观念系统）中内含的制度框架能够不断地解决既有的个人与个人之间、利益集团与利益集团之间、国家与民众之间的矛盾冲突，以既有的制度框架为中心的合作系统能够持续有效地运行，整个社会未发生以打破既有制度框架为目的的、以大规模暴力行为为表现的民众反叛的社会状态（张恒山，2013）。从这个定义来看，维持社会稳定需要满足以下三个方面的基本条件：一是既有的制度框架能够不断地解决各种社会矛盾和社会冲突。也就是说，在一个稳定的社会中，社会的各个主体（个人、利益集团、国家和民众）都认可既有的制度框架，都愿意在既有框架中解决相互间的矛盾和冲突。二是以既有的制度框架为中心的合作系统能够持续有效地运行。社会稳定并不意味着社会的整体制度框架没有发生任何变化，而是在其具体制度发生局部变化的情况下，其仍然能够保障合作系统持续有效运行。三是整个社会未发生以急速地打破既有制度框架为目的的、以大规

模暴力行为为表现的民众反叛活动。

从相反的视角来看，在下列两种情形下，社会稳定将出现失衡，进而可能诱发社会危机：一是现有的制度框架解决各种社会矛盾的功能减弱甚至彻底丧失相应的功能，从而使正常的社会合作无法持续有效地进行，正常社会秩序无法维系，社会的失序或无序演化为社会失控，社会稳定出现失衡，并向社会危机的方向演进。二是当社会发生以打破既有制度框架为目的的、以大规模暴力行为为表现的群体性行为时，社会稳定将出现失衡。从上述两种情形来看，无论社会处于什么样的变动状态，只要其自身的整体制度框架没有发生根本性的变化，或者其制度框架没有在短时间内发生急剧的、断裂性的整体性变化时，社会将处于稳定状态。反之，社会稳定将遭受破坏，并向社会危机的方向发展。

四、社会发展重大风险导致社会危机

当社会秩序遭受严重破坏、社会稳定的根基被彻底动摇时，社会危机将会爆发。也就是说，社会危机是社会发展重大风险经由激化社会矛盾、破坏社会秩序、引发社会动荡之后的最坏后果，其使社会发展重大风险从可能性最终变成现实。

从中国的情况来看，当前我国仍然处于经济社会发展的转型时期。在这一过程中，经济体制深刻变革，社会结构深刻变动，利益格局深刻调整，思想观念深刻变化，而经济体制、社会结构、利益格局、思想观念等方面的改革与发展既蕴含着重大机遇，也潜伏着挑战。现阶段，实现国家治理体系和治理能力现代化已经成为我国全面深化改革的总目标。在这一过程中，我们不仅面临着由现代性引发的社会危机，而且面临着由现代化引发的社会危机。

所谓现代性引发的社会危机，是指因现代性发展到极致所引发的社会危机，是现代科技、制度、社会结构等发展到极致之后的自我危害。当前，我国正在经历的经济社会转型是不断获得现代性的历史过程。在这一过程中，互联网、大数据、人工智能等现代科技发展迅猛，对经济社会发展产生越来越重大的影响。“十四五”时期，我国将全面进入5G时代，数字经济将持续发展，人工智能将迎来新突破。现代科技尤其是以人工智能为代表的第四次工业革命的兴起将对人类的社会结构、生产方式、生活方式、社会秩序等造成巨大冲击，进而使社会发展面临各种重大风险的挑战。

所谓现代化引发的社会危机，是指在新体制、新社会形态尚未发展完善的过程中爆发的社会危机。新中国成立70多年以来，尤其是改革开放40多年来，我国从农村的、封闭的传统社会向城镇的、开放的现代社会转型的速度不断加快。进入21世纪以来，尤其是重返WTO之后，我国对外开放的步伐不断加快，中国正在不断融入国际社会，同时也面临着各种“输入式风险”的挑战。

第三节　社会发展重大风险的治理机制

一般而言，对社会发展重大风险的治理要遵循“风险识别与分析—风险评估—风险治理决策—风险治理行动”的治理路径，我们将据此对“十四五”时期我国社会发展重大风险的治理机制进行分析。

一、社会发展重大风险的识别与分析

第一，建立社会发展重大风险的分层识别网络。风险识别是风险治理的起点，要通过寻找社会发展重大风险的源头，进一步分析导致社会发展重大风险爆发的原因、可能性和后果，从而做到“知其然、知其所以然”。从具体的操作层面来看，应从以下几个层面入手：一是充分发动群众参与到社会公共事务中，形成无处不在的社会发展重大风险识别的基础层网络；二是加强社会发展重大风险治理相关部门的设备配置，构建社会发展重大风险识别的完整链条，形成无所不包的社会发展重大风险识别的技术层网络；三是积极构建社会发展重大风险的分析平台，将其作为发现风险源头的“眼睛”和“触角”，形成对社会发展重大风险进行精准识别的综合网络。

第二，建立社会发展重大风险的分类监控体系。在新技术背景下，可以由政府相关部门和专业公司建立社会发展重大风险的监控平台，及时、准确研判社会发展重大风险的演化情况，对风险的演化过程进行全程跟踪，进而依据风险的变化情况做出决策。近年来，我国在大数据发展方面积累了丰富的经验，在大数据应用方面也确立了国际领先优势。“十四五”时期，我们可以充分利用这些经验和优势，建立社会发展重大风险动态演化数据库，从而为相关部门组织开展风险治理提供数据支撑。从社会发展重大风险的形成机制来看，社会发展重大风险多是由政治、经济、社会、文化、生态等领域的原生风险引发的次生风险，因此，可以通过对上述领域进行分类监控，从而建立多领域、全方位的社会发展重大风险监测体系。

第三，对社会发展重大风险进行动态分级预警。在风险治理中，高效的信息系统是风险预警的重要前提，而动态的风险预警则是风险治理的基石。也就是说，通过反应灵敏、渠道畅通的信息系统及时发布风险预期，实现信息的超前反馈，从而为提早部署、防危机于未然奠定基础。我们可以通过互联网平台对早期发现的各种社会发展重大风险预警信号进行整合，根据风险识别的层次、风险监控的类型来划分风险的等级，进而掌握风险的进一步演化趋势，以便相关各方及时联动。

二、社会发展重大风险的评估

在识别和分析的基础上，需要对社会发展重大风险的风险因素、风险事件、风险承担者、风险损失等进行充分、全面的评估，从而为进一步开展社会发展重大风险治理决策和治理行动打下扎实的基础。我们可以把社会发展重大风险评估的具体内容划分为以下几个方面：

首先，对社会发展重大风险的风险因素进行评估。风险因素是诱发风险的原因或者条件，对其进行评估是进行风险治理的重要前提。就社会发展重大风险而言，由于其风险因素广泛分布于政治、经济、社会、文化、生态等各个领域，因此需要采取量化的分析方法，对这些领域中可能引发社会发展重大风险的各种因素进行量化评估。

其次，对社会发展重大风险的风险事件进行评估。风险事件是造成人身伤害或者财产损失的偶发性事件，是风险因素实际发生作用的媒介。因此，对风险事件发生和发展的可能性，波及的范围、强度、烈度等进行量化评估，是开展风险治理的重要步骤。就社会发展重大风险而言，政治、经济、社会、文化、生态等领域发生的风险事件具有完全不同的表现形式，但是其共同之处就是对社会发展造成巨大冲击和危害。从这一点来看，对社会发展重大风险的风险事件进行评估，就是采用量化分析的方法，具体分析各个领域中风险事件引发社会发展重大风险的可能性、波及范围、烈度、强度等，进而为进行风险治理明确方向。

再次，对社会发展重大风险的风险承担者进行评估。风险承担者指因风险事件的发生和发展而人身受到伤害或者财产受到损失的个体或者群体，对风险承担者进行评估可以明确风险治理的对象。就社会发展重大风险而言，对风险承担者进行评估就是采取量化分析的方法，评估风险波及的个体或者群体的范围、规模，从而明确风险治理的对象，并为划分风险等级提供重要参考依据。

最后，对社会发展重大风险的风险损失进行评估。风险损失是因风险的发生和发展而导致的人身伤害和财产损失，对风险损失进行评估不仅可以为划分风险等级提供量化依据，而且可以为进一步采取风险治理措施提供重要的参考。就社会发展重大风险而言，对其进行风险评估既可以在风险爆发之前进行，也可以在风险爆发的过程中或者风险爆发之后进行。

三、社会发展重大风险的治理决策

社会发展重大风险的治理决策是根据社会发展重大风险治理的

目标和总体方针，通过分析特定阶段社会发展所处的环境和条件，选择风险治理的技术、方法的活动和过程。更进一步来讲，对于一种或一组特定的社会发展重大风险，决策者一般面临多种可行性风险治理方案，从中选择一种符合给定条件的最佳方案就是社会发展重大风险决策的核心内容。在社会发展重大风险治理体系中，风险治理决策居于核心地位，决策的科学性和合理性直接影响风险防范化解的效果，必须建立和健全社会发展重大风险治理的决策机制。

首先，要优化社会发展重大风险治理决策的参谋机制。社会发展重大风险治理决策智囊机构的组成要覆盖多个领域，体现多元化的原则。各种类型的风险决策信息、参谋咨询体系应保持相对独立性，以负责的态度为决策主体提供及时有效的有关风险演进脉络和发展前景的信息传导，并研究多种决策方案以备选择。

其次，要提高社会发展重大风险治理决策的民主化水平。社会发展重大风险与广大人民群众的利益直接相关。在决策过程中，要将广大人民群众的意见及时吸纳进来，做到问需于民、问计于民、问效于民。

最后，要提升社会发展重大风险治理决策的智能化水平。要充分运用大数据、云计算等新技术，深度挖掘海量的信息资源，通过定性定量分析比对，准确把握社会发展重大风险的运行态势，提高风险治理决策的科学化、精准性和高效性。

四、社会发展重大风险的治理行动

社会发展重大风险一旦发生，必将对社会安全乃至总体国家安全造成一定的威胁。因此，在对社会发展重大风险进行识别、评估和决策的基础上，要采取切实有效的风险治理行动，对遭受风险冲击的个人或者群体提供一定的帮扶和救助。在风险治理决策的执行阶段，应建立和健全社会发展重大风险的社会动员机制，充分调动社会资源与社会力量，使国家、市场、社会、个人之间形成合力，打造防范化解社会发展重大风险的“命运共同体”。

首先，充分发挥社会保障在应对社会发展重大风险中的主导作用。继续加大对社会保障的投入，进一步扩大社会保障覆盖面，提高社会保障水平，充分保障每一位公民的基本权利，充分发挥社会保障在应对社会发展重大风险中的中流砥柱作用。

其次，充分发挥商业保障在应对社会发展重大风险中的辅助作用。与社会保障相比，商业保险具有灵活性强、选择性多的特点。要不断扩大商业保障的保障范围，满足公众多元化的需求，使之成为社会保障的重要补充。

最后，充分发挥民间救助在应对社会发展重大风险中的基础性作用。探索建立和完善以社会互助为宗旨的民间组织和群众自发组织的慈善会、福利会、基金会等组织，广泛发动企业、社会组织、公民等多元力量承担社会责任，调动社会力量参与社会救助的积极性，为社会发展重大风险治理打造良好的社会基础。

（执笔人：潘华）

主要参考文献：

[1] 黄新华、何雷．国家治理现代化进程中的政治安全风险研究．探索，2015（4）．

[2] 文军．个体化社会的来临与包容性社会政策的建构．社会科学，2012（1）．

[3] 夏玉珍、卜清平．高风险时代的中国社会问题．甘肃社会科学，2016（1）．

[4] 杨华锋．人民安全视角下政府供给范式的服务转型．国际安全研究，2019（3）．

[5] 赵方杜、石阳阳．社会韧性与风险治理．华东理工大学学报（社会科学版），2018（2）．

[6] 张恒山．“社会稳定”概念释义．中共中央党校学报，2013（2）．

[7] 郑永年、黄彦杰．风险时代的中国社会．文化纵横，2012（5）．

| 第三章 |

防范化解重大风险的政策和研究思路

经过40多年的改革开放，我国进入发展关键期、改革攻坚期、矛盾凸显期，在经济稳中向好、社会总体稳定的同时，各种风险挑战也不断显现。其中既有显性风险又有隐性风险，既有来自内部的风险又有来自外部的风险，既有一般风险又有重大风险，且这些风险呈现出交织性、复杂性、综合性等特点。“十四五”时期是我国由全面建成小康社会向开启社会主义现代化建设的重要转变期，防范化解社会发展重大风险，对于实现社会稳定和高质量发展具有重要意义。

第一节　防范化解重大风险的战略意义

一、党和国家对国家安全高度重视

党的十九大报告指出，社会是在矛盾运动中前进的，有矛盾就会有斗争。我们党要团结带领人民有效应对重大挑战、抵御重大风险、克服重大阻力、解决重大矛盾，必须进行具有许多新的历史特点的伟大斗争。要坚决打好防范化解重大风险、精准脱贫、污染防治的攻坚战。要从完善社会主义市场经济体制的角度，健全金融监管体系，守住不发生系统性金融风险的底线。从有效维护国家安全的角度，健全国家安全体系，加强国家安全法治保障，提高防范和抵御安全风险能力。从全面增强党的执政本领的角度，增强驾驭风险本领，健全各方面风险防控机制，善于处理各种复杂矛盾，勇于战胜前进道路上的各种艰难险阻，牢牢把握工作主动权。

党的十九大将安全放在一个前所未有的历史高度，着重强调要坚持总体国家安全观。统筹发展和安全，增强忧患意识，做到居安思危，是我们党治国理政的一个重大原则。必须坚持国家利益至上，以人民安全为宗旨，以政治安全为根本，统筹外部安全和内部安全、国土安全和国民安全、传统安全和非传统安全、自身安全和共同安全，完善国家安全制度体系，加强国家安全能力建设，坚决维护国家主权、安全、发展利益。

值得关注的是，2020 年新冠肺炎疫情暴发后，党和国家将人民群众的生命健康安全放在突出地位；党的十九届五中全会通过了《中共中央关于制定国民经济和社会发展第十四个五年规划和二〇三五年远景目标的建议》，其中提到了 10 次“风险”、66 次“安全”，并提出“统筹发展和安全”的战略任务。由此可见，党和国家对国家安全高度重视。

二、社会风险的表现特征

1986 年，德国社会学家乌尔里希·贝克出版了《风险社会：新的现代性之路》。他把当代全球化社会描述为“风险社会”，认为人类所面临的风险随着现代化和科学技术的发展发生了本质变化。当代社会风险是现代化发展到一定程度的产物，现代化和科学技术发展越快、越深入，风险就越多。社会风险在不断扩散中呈现典型的

“人为不确定性”，人在风险衍生中的作用增大，很多情况下突然暴露的风险使得人们不知所措，导致现有社会结构、社会制度以及社会人群关系朝着更加复杂、偶然的状态转变。贝克等（2000）社会学家认为，社会风险能够演变成公共危机。社会风险是公共危机的前期形态，公共危机则是社会风险的后期表现，二者之间存在因果关系。公共危机的根源是社会风险，一旦作为特定导火线的突发事件爆发，社会风险与公共危机之间的因果关系就会立即显现。

丁辉（2017）提出，依据对信息的掌握程度可以将社会风险划分为四个类型，即简单风险、复合风险、不确定风险和模糊风险，继而指出风险辨识是风险防范中最基本和最难的一个环节，而风险认知在行为驱动中占有重要作用，并给出了常用的方法。最后丁辉指出，社会风险学的研究十分重要，它将行为分析理论与安全客观规律、心理学与风险科学有机结合起来，以便发现传统风险模型中的不足，进而修正了风险理论中若干方面基本假设的不足。

单光鼐（2017）指出，由于政治机会结构发生变化，我国近30年来群体性事件总体风险态势逐渐向好，但是也出现有关风险的区域转移和形式变化等新问题，因此仍需居安思危、找到“真实的民意”。单光鼐以广东清远民众抗议修建垃圾焚烧发电厂事件和特朗普总统竞选等为例来说明民意调查的重要性及其方法的局限性，也专门介绍了国际上“随机抽样选择公民参与协商民主”的有关经验，最后指出近年来我国提倡总体国家安全观、强调秩序优先等举措对于群体性事件的风险治理起到了重要作用。

杨雪冬（2019）指出，我国目前的风险环境带有明显的复合特征，当前风险状态有以下主要特点：风险的来源日益多样化，风险的种类不断增加；社会的快速变迁导致了风险诱发因素大量增加。以政府为中心的风险治理面临两大冲击：一是原有的风险共担机制被削弱了，二是风险治理的核心即政府的权威和信任度有所降低。

第二节　社会发展风险防范的关注重点

随着我国经济社会的不断发展，为了应对可能出现的社会风险，我国学者对社会风险的产生原因及防范化解风险进行了许多研究，主要包括以下内容。

一、社会风险的产生原因

杨雪冬（2019）指出，改革开放给中国带来了巨大变化，但也产生了新风险，要通过各种措施来积极应对。一方面，对外开放使中国与世界紧密地联系起来，改变了中国所处的环境，中国在获得收益的同时，也越来越容易受到国际环境的影响。另一方面，改革是一个激活市场和社会主体，扩展和增强其自主性和决策权的过程。按照社会风险理论，现代风险归根结底是人为风险，任何一种决策都既是对不确定性的回应，也是新的不确定性的来源，可能衍生出新的风险。因此，改革开放也会带来多元化的风险主体和风险来源。这种风险状态完全不同于传统社会以及计划经济时代的风险。即便与其他现代化国家相比，中国也由于国家规模大而有着更为复杂的风险状态。目前，中国传统风险和现代风险并存，并主要体现在两个方面：一是尽管随着现代化的快速推进，我国面临的风险中现代意义的风险占比提升，但是由于农业生产方式在许多地方依然占主导地位，所以传统风险依然存在；二是尽管技术风险、体制风险成为风险结构中的主要类型，但是由于中国在进行现代化的同时也进行着体制改革，所以体制风险中既有过程风险，也有结构性风险。更需要注意的是，中国本身的结构、所处的历史阶段以及所从事的现代化和融入世界的事业为风险的放大提供了条件。

黄元丰等（2014）分析，我国社会风险的产生原因是复杂多样的，主要包括政治、经济、社会等方面。第一，政府公信力的潜在风险。以公民政府的信任度为基础的政府公信力是政治合法性的重要来源，可能产生的政府公信力的下降是我国构建社会主义和谐社会的重要社会风险，当前我国政府公信力面临的风险主要体现在：一是有的地方政府权力过度集中，缺乏有效的制约和监督；二是有的地方政府工作效率低下；三是一些地方政府职能越位；四是仍有部分政府官员官僚主义现象严重、脱离群众，甚至造成了群众与政府的对立情绪；五是政府信息公开有待加强，政策制定和政务执行的公开力度不够，与公民对建设阳光型政府的诉求仍有一定差距。加之部分地方政府、行政执法单位滥用自由裁量权，行政执法随意性较大，这些都会严重影响政府的公信力。第二，贫富差距加大和社会矛盾凸显。一是财富高度集中，低收入者人数较多；二是城乡差距明显，改革开放以来，我国城乡差距呈逐步扩大趋势；三是行业收入差距过大，特别是垄断行业的高收入已引发社会的广泛关注；

四是地区差距扩大，东部沿海地区发展水平较高，西部内陆地区尤其是贫困山区经济发展水平依然较低。收入分化是社会矛盾易发频发的重要原因，甚至可能加剧社会阶层的对立，引发社会矛盾，当前的群体上访、集会抗议等群体性事件就与贫富差距和利益矛盾有着一定的内在关联，这些都将严重影响社会稳定，是构建和谐社会亟待解决的重要问题。第三，公民道德缺失和社会信任度下降。一是责任意识淡薄，尤其是职业领域的玩忽职守、渎职等现象还在一定范围内存在；二是家庭观念淡化；三是个人道德冷漠；四是网络道德失范。这些问题带来社会信任度的下降，严重影响社会主义和谐社会的构建。

二、特定阶段社会风险的表现形式

彭宗超（2019）指出，从长期趋势看，社会心态风险在下降但也有波动，环境风险感知中最高的风险是民生环境风险，特定地区、部门的社会心态风险有同质性也有差异性等。主要政策启示是要建立经常化的多元社会心态调查与风险评估机制，要重视社会信任和积极心理建设，要着力解决民生问题以降低系统性社会风险，关键是要大力提升政府治理的廉洁、公平、透明水平等。我国现阶段存在的社会风险大体有两类：一类是社会事件产生的风险，比如由网贷爆雷、电信诈骗、食品药品安全等案件引发的社会风险；另一类是重大决策产生的社会风险，如轨道交通建设、涉核项目建设等产生的社会风险。

李津燕（2018）指出，当前我国潜在的社会风险包括：一是人口老龄化风险。截至 2017 年底，我国 60 岁及以上老年人口为 2.41 亿人，占总人口 17.3%，预计 2023 年达到 21%。我国人口老龄化比率在 2012 年就达到 14.1%，人口老龄化比率从 7% 上升到 14%，世界平均时间是 40 年，我国是 23 年；人口老龄化比率从 14% 上升到 21%，世界平均时间是 50 年，我国是 11 年。从现在开始，我国人口老龄化趋势将与现代化建设进行时间赛跑。在这样的情况下，随着养老负担增加及医疗保障支出大幅增加，我国养老制度的可持续性面临越来越大的压力。人口老龄化及养老保障体系制度很容易引发债务危机，严重时还可能诱发社会领域风险。二是社会分化风险。经济转型时期通常面临复杂的利益结构调整和深刻的社会结构变动，并导致社会分化。随着经济转型以及网络化、信息化的迅猛发展，社会分化将呈现出更加复杂的特征。房价攀升及股市下跌等，可能加剧中产阶层普遍存在的焦虑。今后一个时期，伴随居民家庭财富差距的扩大，并通过人力资本投资、社会资本流动和婚配等影响到子代成年后的发展，我国阶层之间的分化可能加剧，阶层之间的流动性下降，并滋生由阶层分化导致的社会风险。三是生态保护风险。生态关系一个国家、一个民族的盛衰兴亡。党的十八大以来，我国生态环境保护与建设力度逐年加大，但总体而言生态环境问题依然十分严峻。生态安全是指一个国家赖以生存和发展的生态环境处于不受或少受破坏与威胁的状态，生态安全是其他安全的载体和基础，关系国计民生，关系经济社会的可持续发展。打赢污染防治攻坚战，是建设社会主义现代化国家必须完成的历史任务。四是网络信息安全风险。由于互联网对社会经济生活的快速渗透，网络安全已成为创新治国理政的坚固基石，并成为国家安全战略的重要组成部分。习近平总书记始终强调网络安全是事关国家安全和国家发展、事关广大人民群众工作生活的重大战略问题。要树立正确的网络安全观，加快构建关键信息基础设施安全保障体系，全天候全方位感知网络安全态势，增强网络安全防御能力和威慑能力，筑牢网络安全基石，为我国经济社会发展提供坚强保障。

三、社会风险的评估机制

彭宗超（2019）指出，社会风险评估机制很重要，要建构基本逻辑为环境—心态—行为—治理综合评估的评估框架。过去讲社会风险，首先是看行为风险，如有多少信访事件、暴力事件、网络舆情事件等。现在除了看行为风险以外，还要看环境因素、心态因素以及治理水平等的影响。

社会风险的一项重要评估机制就是重大决策社会稳定风险评估。孔祥涛（2017）总结了浙江省垃圾焚烧项目实现稳定与发展并举、民生与民安双赢的三方面经验：第一，项目的推进要讲科学、重民意、有定力；第二，党委政府要在群众工作中起主导作用，要引导消除老百姓的顾虑；第三，风险评估要找短板、重程序、讲时效。孔祥涛总结指出，社会风险治理首先要有定力，坚定不移；其次要尊重民意，发展群众利益；再次要党政各级组织和社会各界倾力合作，形成分析风险、化解风险的强大合力；最后要设立底线，要依法处置。孔祥涛（2018）指出，重大决策社会稳定风险评估亟待加强理论和实践创新，这就要求应树立风险意识，完成治理理念的革命；提高政治站位，严格落实风险评估责任；坚持目标导向、创新驱动、实践引领，推进规范化、法治化、智能化、专业化、社会化建设；加强学术研究和理论创新，形成中国特色决策风险管理理论和方法体系。顾严、张本波等（2018）构建了信息不确定性条件下的公共决策二维框架，并认为重大决策社会稳定风险评估属于民主协商型决策，提出了推进重大决策社会稳定风险评估的五个建议：评估事项从原则规定向清单管理转变；评估内容从一事一议向全面系统转变；评估方法从旁观式观测向参与式构建转变；流程机制从一锤定音向循环互动转变；组织体系从交叉分工向协同履职转变。

第三节　当前防范化解社会风险的路径

一、习近平总书记提出的防风险战略要点

1. 习近平总书记关于风险内涵的重要论述

2015年10月29日，习近平总书记在《以新的发展理念引领发展，夺取全面建成小康社会决胜阶段的伟大胜利》一文中指出，今后5年，可能是我国发展面临的各方面风险不断积累甚至集中显露的时期。我们面临的重大风险，既包括国内的经济、政治、意识形态、社会风险以及来自自然界的风险，也包括国际经济、政治、军事风险等。如果发生重大风险又扛不住，国家安全就可能面临重大威胁，全面建成小康社会进程就可能被迫中断。我们必须把防风险

摆在突出位置，“图之于未萌，虑之于未有”，力争不出现重大风险或在出现重大风险时扛得住、过得去。

2017 年 7 月 26 日，习近平总书记在省部级主要领导干部“学习习近平总书记重要讲话精神，迎接党的十九大”专题研讨班开班式上的重要讲话中指出，到 2020 年全面建成小康社会，实现第一个百年奋斗目标，是我们党向人民、向历史作出的庄严承诺。我们要按照党的十六大、党的十七大、党的十八大提出的全面建成小康社会各项要求，突出抓重点、补短板、强弱项，特别是要坚决打好防范化解重大风险、精准脱贫、污染防治的攻坚战，坚定不移深化供给侧结构性改革，推动经济社会持续健康发展，使全面建成小康社会得到人民认可、经得起历史检验。党的十九大报告提出，在决胜全面建成小康社会的过程中，我们要坚决打好三个攻坚战，而这三个攻坚战也是针对三个相对薄弱的环节提出来的，即坚决打好防范化解重大风险、精准脱贫、污染防治的攻坚战。三者分别涉及经济建设、社会建设、生态文明建设。

2. 新时期的防风险战略要点

经过 40 多年的改革开放，我们进入了发展关键期、改革攻坚期、矛盾凸显期，在经济稳中向好、社会总体稳定的同时，各种风险挑战也不断显现。其中既有显性风险又有隐性风险，既有来自内部的风险又有来自外部的风险，既有一般风险又有重大风险，而且这些风险挑战呈现出交织性、复杂性、综合性等特点。从社会领域来说，虽然人民群众的生活水平普遍得到提高，但教育、就业、社会保障、医疗、住房、生态环境等关系群众切身利益的问题依然较多，部分群众生活困难。统筹协调好各种利益关系，下大气力解决好人民群众切身利益问题，不仅关系社会稳定和谐，更关系党执政的社会基础。所以，习近平总书记提出，要切实落实保安全、护稳定各项措施，下大气力解决好人民群众切身利益问题，全面做好就业、教育、社会保障、医药卫生、食品安全、安全生产、社会治安、住房市场调控等各方面工作，不断增强人民群众获得感、幸福感、安全感。

习近平总书记还提出，要坚持保障合法权益和打击违法犯罪两手都要硬、都要快。对涉众型经济案件受损群体，要坚持把防范打击犯罪同化解风险、维护稳定统筹起来，做好控赃控人、资产返还、教育疏导等工作。要继续推进扫黑除恶专项斗争，紧盯涉黑涉恶重大案件及黑恶势力经济基础、背后“关系网”“保护伞”不放，在打防并举、标本兼治上下功夫。要创新完善立体化、信息化社会治安防控体系，保持对刑事犯罪的高压震慑态势，增强人民群众安全感。要推进社会治理现代化，坚持和发展“枫桥经验”等，健全平安建设社会协同机制，从源头上提升维护社会稳定的能力和水平。

二、防风险战略的路径研究

围绕防风险战略这一任务要求，政府和研究部门提出了若干解决思路，曹晗蓉（2019）指出，应增强风险意识，提高防范化解社会风险的能力；提高公共服务质量，保护群众切身利益；打击违法犯罪，铲除黑恶势力“保护伞”；运用大数据手段，加强社会治安防控体系建设；政府治理与基层自治良性互动，提升社会治理现代化水平。

防范化解社会领域重大风险，要防止出现重大恶性群体性事件，积极引导群众，通过网络、微博等方式正面回应群众关心的热点问题，避免酿成重大问题。同时，狠抓扫黑除恶专项工作，整治“乡匪”“恶霸”“地方宗族势力”，打掉“保护伞”，传递社会好风气、正能量，切实解决各种危害人民群众切身利益的问题。

杨雪冬（2019）指出，面对复合风险，应该通过协调已有的多元化的各种关系来取得社会共识，构建涉及多层次、多领域、多主体的共担共责的复合治理机制。首先，要增强国家的公共责任和民主治理能力，以维护社会与国家的信任关系，从而为整个社会的和谐提供基础性支持。其次，要积极培育、完善和壮大市场与社会，激发它们的活力，提高它们的组织能力和自我规范能力，充分发挥它们的治理功能，既要对国家权力的过度扩张进行有效的约束，也要对市场过度扩张进行有力的制约。再次，要提高个人、组织的公共责任感、风险意识以及风险的识别能力，使它们在行为广度和强度提高的同时，也能提高行为和决策的理性程度。最后，要重视社会信任的培养和扩展。同时，要避免民族主义的过激化，增强对国际问题的关注度和包容度，在全球化的进程中培育正常的心态，以推动风险治理中的地区、国家以及全球合作。

阮青（2019）指出，防风险需要从意识、能力和机制三方面入手。一是强化风险意识。既要看到我国形势总体上是好的，也要高度警惕“黑天鹅”事件、防范“灰犀牛”事件。领导干部要常观大势、常思大局，科学预见形势发展走势和隐藏其中的风险挑战，做到未雨绸缪。强化风险意识，关键是要有底线思维。习近平总书记多次强调，要善于运用“底线思维”的方法，凡事从坏处准备，努力争取最好的结果，这样才能有备无患、遇事不慌，牢牢把握主动权。要对政治、意识形态、经济、科技、社会、外部环境、党的建设等领域的重大风险进行深入分析研判，做到心中有数，防患于未然。二是提高风险化解能力。要透过复杂现象把握本质，抓住要害，找准原因，果断决策，善于引导群众、组织群众，善于整合各方力量，科学排兵布阵，有效予以处理。要调动一切积极因素，在人民群众中获取化解风险的力量。三是完善风险防控机制。比如，建立健全风险研判机制，就要充分发挥专业机构、专业人才等评估力量的作用，科学研判风险的等级，为化解风险做科学准备。建立健全风险防控协同机制，就要动员全党、全国人民、全社会力量参与风险防范化解。要通过完善风险防控机制，对风险产生、发展的全过程进行监控，对风险的发生诱因与事前防范、风险的事中演进与有效控制、风险的化解与事后治理等进行全方位管理。

对于潜在社会风险，李津燕（2018）指出，习近平总书记在党的十九大报告中强调国家安全面临新情况，要打好防范化解重大风险攻坚战。对此，基层要保持清醒认识。需要看到，一些基层的国家安全意识还有待增强；情报收集和预测预警能力还不足；矛盾化解、危机管控能力还有待提升；宣传教育、舆论引导的针对性、有效性还不强；体制机制有待完善；有的地方国家安全工作的责任制还没有完全落实。为此，基层要扎实做好信访稳定工作，尽可能满足人民日益增长的美好生活需要，是打好防范化解重大风险攻坚战的根本要求。要进一步提高政治站位，始终坚持以人民为中心的发展思想，实事求是、依法依规办理信访事项，确保群众反映的问题件件有着落、事事有回音，使人民获得感幸福感安全感更加充实、更有保障、更可持续。基层要通过国家安全教育，增强全党全国人民国家安全意识，自觉履行维护国家安全的义务，推动基层形成维护国家安全的强大合力。此外，还要提升基层政府部门风险管理体系建设。风险管理是一个覆盖事前、事中和事后的全过程管理，而非仅仅是危机爆发后的应急处置。要加强风险评估、风险预警、风险应对、风险处置等能力建设，降低风险成本和风险损失，提高风险管理效率。加强基层风险管理人才队伍建设，提高专业能力和水平，建设现代风险管理体系，筑牢防范化解重大风险的基石。

三、系统防范社会风险的对策

针对防风险这一重要任务，目前各地均不同程度地提出了防范风险的措施，其中针对党政治理体系和治理能力也提出了要求和措施。防范化解重大风险，是各级党委、政府和领导干部的政治职责，大家要坚持守土有责、守土尽责，把防范化解重大风险工作做实做细做好。要提高风险化解能力，透过复杂现象把握本质，抓住要害，找准原因，果断决策，善于引导群众、组织群众，善于整合各方力量、科学排兵布阵，有效予以处理。领导干部要加强理论修养，深入学习马克思主义基本理论，学懂弄通做实习近平新时代中国特色社会主义思想，掌握贯穿其中的辩证唯物主义的世界观和方法论，提高战略思维、历史思维、辩证思维、创新思维、法治思维、底线思维能力，善于从纷繁复杂的矛盾中把握规律，不断积累经验、增长才干。要完善风险防控机制，建立健全风险研判机制、决策风险评估机制、风险防控协同机制、风险防控责任机制，主动加强协调配合，坚持一级抓一级、层层抓落实。

打击违法犯罪，铲除黑恶势力“保护伞”。违法犯罪行为关乎群众利益和安全感；黑恶势力更是社会安定的毒瘤，扫黑除恶事关群众切身利益、民心向背与执政根基。因此，要坚决打击违法犯罪行为，深入开展扫黑除恶专项斗争。要贯彻党中央决策部署，依法严惩涉黑涉恶犯罪，不间断开展打击治理，推进扫黑除恶工作常态化、长效化。要把扫黑除恶与打击“防护网”“保护伞”结合起来，打防并举。对于涉众型经济案件，在坚决打击的同时，更要注重化解风险，维护稳定，做好资产返还、教育疏导等工作。（曹晗蓉，2019）

运用大数据手段，加强社会治安防控体系建设。在信息化社会网络舆情越发重要的情况下，加强社会治安防控体系建设是防范社会风险的重要环节。要创新立体化社会治安防控体系，完善“天网”“鹰眼”等平台，根据人口密度、治安状况和地理位置实现立体化、网格化治安布局，加强街面巡逻防控，加强对重点区域、重点行业、农村偏远地区的治安管理。要完善社会治安防控运行机制，做到决策前风险研判、实施中风险管控、实施后效果评价和反馈纠偏，通过个案情况发现共性问题。要建立社会治安防控信息平台，使防控风险由依靠传统手段向利用大数据提升智慧化防控水平转变，对社会风险评价由模糊不清向精准画像转变。要建立部门联动机制、区域协作和责任机制，各部门单位齐抓共管、同向发力，通过大数据分析精准找出社会风险突出问题，推动社会风险精准防控。

黄元丰等（2014）提出了构建社会主义和谐社会中的风险治理机制。第一，坚持防范为主、防治结合的风险治理思路。在社会风险的防范、化解和治理过程中，必须做到既预防又整治，坚持防范为主、防治结合的风险治理思路。一是坚持预防为主；二是坚持综合治理；三是建立追溯机制。同时，对于社会风险监管不到位的部门和地方，必须依法追究其责任。第二，坚持宏观建构、微观治理结合的基本原则。在社会风险的防范、化解和治理过程中，必须既做好具体风险事件的整治，又从宏观上和政策上建立有利于防范、化解、治理社会风险的机制和制度。一是做好宏观建构，完善制度环境；二是加强微观治理，做好具体的风险治理工作。第三，构建政府主导、社会参与的风险治理体系。在社会风险的防范、化解和治理过程中，单一的政府主导模式或者主要依靠社会团体的做法都不是最有效的选择，必须构建政府主导、社会团体有效参与的风险治理体系。一是坚持政府主导；二是构建多元主体；三是加强多元联动。第四，形成整合各类社会资源的风险治理系统。在社会风险的防范、化解和治理过程中，必须既发挥社会风险责任部门的主体作用，又整合各相关主体、相关部门、相关地区的人力、物力和财力，建立整合各类管理资源的风险治理系统。一是整合信息资源，快速、有效地收集各类风险信息；二是整合物质资源；三是整合人力资源；四是整合组织资源。

（执笔人：李璐）

主要参考文献：

［1］彭宗超 . 改革开放以来中国社会稳定风险评估与未来国家安全风险治理研究 . 中国社会风险治理高层论坛，2017.11.9.

［2］彭宗超 . 居安思危与中国社会心态风险分析 . 中国社会风险治理高层论坛，2017.11.9.

［3］丁辉 . 对社会风险认知的一点思考 . 中国社会风险治理高层论坛，2017.11.9.

［4］单光鼐 . 社会风险治理中的“评估”与“治理”. 中国社会风险治理高层论坛，2017.11.9.

［5］孔祥涛 . 加强规范化建设 深入推进社会稳定风险评估工作 . 中国社会风险治理高层论坛，2017.11.9.

［6］曹晗蓉 . 有效化解社会领域重大风险的着力点 . 安徽日报，2019.2.26.

［7］阮青 . 把防范化解重大风险作为重大课题 . 人民日报，2019.2.20.

［8］杨雪冬 . 构建共责共担的风险复合治理机制 . 北京日报，2019.1.28.

［9］李津燕 . 防范化解重大风险 提升政府公信力 . 武汉公安干部学院学报，2018（2）.

［10］黄元丰、张美琴 . 社会主义和谐社会构建中社会风险治理机制的优化 . 中共南昌市委党校学报，2014（12）.

［11］顾严、张本波等 . 重大决策社会稳定风险评估研究 . 北京：人民出版社，2018（2）.

［12］乌尔里希・贝克 . 风险社会：新的现代性之路，张文杰、何博闻译 . 南京：译林出版社，2018.

［13］赵鼎新 . 当前中国最大的潜在风险 . 二十一世纪评论，2019（6）.

［14］李文军．当前我国经济运行面临的四大主要风险与应对之策．经济纵横，2019（4）．

［15］张成．关于防范与化解就业风险的思考．中国人力资源社会保障，2018（11）．

［16］刘世定．危机传导的社会机制．社会学研究，2009（2）．

［17］卓尚进．充分认识防范化解重大风险的重要性紧迫性艰巨性．金融时报，2018.1.27.

［18］李璐．近期主要社会风险事件的演化和治理．国家高端智库建设试点成果专报，2016.8.24.

第四章

未来我国经济社会发展的宏观趋势

第一节　“十四五”时期中国经济社会发展的宏观环境

一、国际环境

当前和今后一个时期，世界正处于百年未有之大变局。新兴市场国家和发展中国家群体性崛起，全球治理主体日趋多元化，国际政治格局和经济秩序面临深刻调整。一方面，随着中国综合国力和国际影响力不断提升，越来越多的国家和地区对中国模式和中国方案产生浓厚兴趣，“一带一路”倡议等为各主要社会发展领域“引进来”“走出去”提供了重要平台，脱贫攻坚、健康养老、文化旅游等方面的国际合作前景日益广阔。另一方面，保护主义、单边主义和反全球化思潮抬头，世界多地民粹主义激流涌动，并且呈扩散蔓延之势，我国也面临输入型民粹主义的潜在威胁。如果防范化解不当，有可能出现超越发展阶段、不可持续的过度福利，同时可能给社会治理和社会稳定带来不利影响。

二、国内环境

据国内外权威机构预测，“十四五”时期，我国有望成功跨越中等收入陷阱，人均国民收入将突破 1.2 万美元，迈过世界银行设定的高收入经济体的门槛。一方面，我国经济发展水平迈上新台阶，社会发展各项事业的经济基础更加坚实，政府公共财政对基本民生保障和基本公共服务的投入力度将持续加大，企业等市场主体进入教育、健康、养老、文旅等领域的动力更强，社会资源也会更多向社会救助和社会福利、社会治理和社会组织等集聚。另一方面，随着收入水平的提高，人民群众对美好生活的需要日益增长、更加多样，与不平衡不充分的发展之间的矛盾进一步凸显，贫困人口、重度残疾人、经济困难的失能老年人、事实无人抚养儿童等人群仍然需要政府提供最基本的保障。全面打赢脱贫攻坚战以后，相对贫困问题的治理将成为新的课题，城乡居民参与社会治理和公共服务的意愿也更加强烈，社会发展需要同时应对“有没有”“够不够”和“好不好”等多层次问题。

第二节 “十四五”时期中国社会发展的阶段性特征

一、老龄化：从阶段性减速到重新提速

经过“十三五”时期短暂的减速期后，“十四五”时期，我国人口老龄化将再次提速。根据联合国《世界人口展望（2019）》分析，“十三五”时期，我国 60 岁以上老年人口年均增加约 770 万人，人

口老龄化率年均提高0.47个百分点，相当于“十二五”时期的87%和83%，人口老龄化出现了难得的减速，因此这五年也被看作应对人口老龄化的重要窗口机遇期。然而“十四五”时期，我国老年人口平均每年将增加近1000万人，人口老龄化率平均每年提高0.64个百分点，分别是“十三五”时期的1.3倍和1.4倍。这一时期，我国人口老龄化将加速发展，甚至可能会刷新新中国成立以来的最高速度纪录；养老保险支出的增速会反超社保基金收入的增速，养老保险的结余出现下降；失能老年人会大幅增加，预计五年净增1000万人。到“十四五”时期末，出生于1950—1965年的第一代农民工，累计将有近9000万人达到或超过60岁，集中返乡养老可能面临老无所养的风险。

二、城镇化：从持续快速到明显减速

自“十五”时期起我国常住人口城镇化率年均增长1.2个百分点左右的趋势，目前已经悄然发生变化。近年来，我国农民工总量增长放缓，农民工进城的意愿呈总体下降态势，实际进城的人数也出现下降。2018年我国农民工总量达2.88亿人，尽管比上年增加了180多万人，但增量减少了近300万人。其中，进城农民工1.35亿人，比上年净减少200多万人。据联合国《世界城市化展望（2018）》修订版预测，“十四五”时期我国常住人口城镇化率的年均增长幅度将下降至1个百分点左右。从常住人口看，根据城镇化率S曲线的一般规律，城镇化率达到60%以后出现一定程度的减速具有必然性。从户籍人口看，到2020年实现1亿个非户籍人口在城市落户以后，大规模集中进城落户的历史任务也将完成。“十四五”时期将进入“后1亿人时代”，以高质量为导向的新型城镇化会与乡村振兴形成一种新的均衡状态。在城乡融合发展中，人口流动迁移的放缓将是新趋势。

三、获得感：从总体改善到陷入瓶颈

近年来，随着各级政府对公共服务的财政投入力度不断加大，我国居民对公共服务的满意度总体提升。然而，近年一些地区也出现了满意度徘徊不前的苗头。从现有的大样本抽样调查看，满意度指数（以100分为满分）陷在了65—69分的区间。看病难看病贵、上学难上学贵、住房难住房贵等老问题依然存在，医患矛盾加剧、校园安全和食品药品安全事件不时发生，外国留学生在华待遇、殡葬改革等新问题不断引发负面舆情。对于公共服务的改革发展，一些群众具有不满情绪。在社会主要矛盾持续转化中，人们对美好生活的需要和期盼越来越高、越来越广，公共服务总量不足、结构失衡、质量效益不高的新老矛盾“三碰头”。在“十四五”时期，我国有可能出现居民满意度和获得感不升反降的不利局面，迫切需要在尽力而为和量力而行之间找到新的平衡点，在精准施策和精细治理上寻求新的解决方案。

四、社会组织：从增长放缓到新一轮井喷

社会组织的发展与经济发展阶段密切相关，发达的社会组织网络是高收入国家的重要特征。目前，高收入国家的人口占世界总人

口的比例为1/6左右，却拥有全球1000万家社会组织中的2/3以上。党的十八大以后，登记制度改革带来了我国社会组织在“十二五”中后期的迅速增加。但进入“十三五”时期后，我国社会组织的增长速度明显放缓。目前我国平均每万人拥有社会组织数刚刚超过5个，不论是与全世界平均每万人拥有社会组织10个以上相比，还是与高收入国家平均每万人拥有社会组织50个以上相比，都明显滞后。“十四五”时期，我国人均GDP将迈过高收入国家的门槛。这一阶段，人们的物质文化需要依然强烈，并且呈现出更加多层次、多样化的发展态势。与此同时，在民主、法治、公平、正义、安全、环境等方面的要求也日益增长。在此背景下，社会既需要通过宏观政策来发挥战略导向作用，又需要通过微观个案的办法解决具体问题。社会组织在满足多层次多样化需求、有针对性地提供个性化定制式服务等方面，具有明显的比较优势。“十四五”时期，以慈善组织、社会工作机构等为代表的社会组织将迎来新一轮井喷式发展。这一方面有利于更加充分发挥各类社会主体的积极性和能动性，增强社会活力，解决社会问题，化解社会矛盾；另一方面也给监管带来更严峻的挑战，特别是要面对民粹主义、敌对势力等利用社会组织冲击社会稳定的重大风险。

五、社会开放：从相对封闭到全方位扩大

在过去相当长的一个时期，我国社会发展领域的开放程度是严重滞后于经济发展领域的。这一方面有服务贸易滞后于货物贸易的原因，另一方面也有社会发展领域的许多行业管制思路比较封闭的

原因。“十四五”时期是开启全面建设社会主义现代化国家新征程的第一个五年，面向2035年和21世纪中叶，不论是实现基本现代化还是建成现代化强国，都需要世界级的社会服务尤其是国际化的教育、医疗、养老等作为支撑，同时也需要国际化的社会组织、社工机构作为重要力量来参与。从百姓需求看，国际学校、国际医院、国际养老机构方兴未艾，还有很大的发展空间。如果简单粗暴地限制，只会造成消费资源向海外流失。同时，中国在社会领域发展建设的有益经验，受到以“一带一路”倡议为代表的越来越多国家（地区）的关注，有一些经验和做法可以推广。坚持“引进来”和“走出去”相结合，改变社会领域相对封闭的不适宜局面，全方位扩大社会领域开放，是大势所趋、民心所向。当然，伴随社会领域开放而来的意识形态风险、健康数据和个人信息安全风险等，需要更有效的防范措施。

第三节　“十四五”时期促进社会发展的政策建议

一、总体思路

一是从兜底为主向质量为要转变。在脱贫攻坚战取得战略决胜、基本公共服务均等化迈出重要步伐后，我国既要防止超越国情国力、不可持续的过度福利，又要避免在高收入阶段出现新的公共服务供给滞后、居民获得感下降等问题，其中最积极稳妥的办法就是推动社会发展政策从兜底型向发展型、质量效益型转变。在巩固全面建成小康社会有关社会发展成果、筑牢基本民生保障底线的基础上，紧紧围绕有利于高质量发展、有利于人力资本积累的方向来增加社会领域投入，特别是教育、健康等投入。

二是从部门本位向全局站位转变。社会发展政策涉及众多部门，老龄化、城镇化、获得感、社会组织和社会开放等方面出现的新变化将影响社会发展的各主要行业和领域，必须坚决破除“一亩三分地”思维，坚持局部利益服从整体利益，把各行业（部门）、各领域的发展置于社会主义现代化建设事业的总体安排中来谋划，以“功成不必在我”的精神境界和“功成必定有我”的历史担当积极作为。各部门之间还要加强统筹协调，整合各类资源，摒弃“单兵突进”，更加善用“协同作战”的办法来解决共性的、交叉的问题，切实为中央分忧、为群众解难。

三是从“大水漫灌”向“精准滴灌”转变。面对支出责任不断扩大和公共财力增长放缓的矛盾，必须在资源投入的效率和效益上大力挖潜，统筹考虑居民需求的轻重缓急和各级财政的可承受度、可持续性，摒弃“大水漫灌”式过度的、过于粗放的社会福利投入，推进精细化和精准化施策。可以探索将精准扶贫、精准脱贫中形成的有益方法应用到更广泛的社会发展领域，精准识别保障和服务的对象，精准设计个性化、定制式的解决方案，精准安排资金、项目和人才等资源，显著提高政策的精准度和质量效益。还可以综合利用传统的抽样调查和新兴的大数据分析等方法，建立社会需求调查机制，以需求为基础优化社会发展不同领域、不同层次、不同地区间的公共资源投入比例关系，提升整体的资源利用效率。

四是从大包大揽向共建共治转变。针对社会领域风险挑战不断积累和社会需求多层次多样化等趋向，应更多依靠政府、社会和市场力量合作的方式来回应社会关切、解决社会问题。政府社会发展相关部门应当坚持在发展中保障和改善民生，尽力而为、量力而行，更加充分发挥发展规划的引领作用、法规标准的规范作用、基本公共服务的兜底作用，区分好基本与非基本需求并推行差异化的满足方式，通过购买服务、直接补贴、税费减免等方式因地制宜推进政社合作和政企合作，着力补短板、强弱项、提质量、防风险；社会组织、社会工作机构、社区、志愿者等应当发挥贴近城乡基层和贴近特定群体的比较优势，提供非政府、非营利、个案化、专业化的服务；企业应当在适合市场化的社会发展领域发挥高效配置资源的作用，创新开发新产品、新服务、新业态，不断满足更高层次的社会需求。

五是从自我发展向全球视野转变。按照形成全面开放新格局的战略要求，顺应服务业对外开放的大趋势，坚持“引进来”和“走出去”并重。一方面，积极稳妥吸引国际一流的教育培训、卫生健康、养老服务、文化旅游以及专业社工、公益慈善等机构，引进全球领先的理念、标准、产品和管理，让更多中国百姓能在家门口享有世界顶级服务；另一方面，利用“一带一路”倡议人文交流机制等平台，勇于开拓社会发展国际合作新领域，将中国脱贫攻坚、义务教育、疾病防控、生殖健康、竞技体育、民间文艺、全域旅游等经验分享给有需要的国家和地区。同时要建立健全适应国际化新要求的社会发展监管体系，加强监管能力建设，及时有效防范化解相关风险。

二、重大政策建议

1. 建设人力资本强国，发展覆盖全生命周期的教育

办好世界一流的高等教育。实施宽进严出的高等院校招生毕业制度，严把培养质量关，打造高水平人才培养基地。优化发展基础学科，引入教学科研人员长期激励机制，奠定科技发展和自主创新的坚实基础。实践化发展应用学科，推进与校外实践基地、企事业单位实训基地、创业培训和孵化基地的紧密对接，增强毕业生实际操作能力。按需优化学科和专业结构，面向经济社会转型升级要求，特别是战略性新兴产业发展、公共服务资源优化、社会工作者队伍壮大的需求，加快部署一批、转型一批、提升一批急需专业。深化高校科技体制改革，建立基础前沿和创新应用双导向的科研评价机制，持续推进科研与教学深度融合互促。大力发展前沿交叉学科和新兴学科，引导高校建立跨院校、跨系所合作的交叉学科研究中心，激发多学科创新活力。鼓励引导高校参与区域创新体系建设，与企业、科研院所合作建立创新平台，促进成果孵化和转化。深入实施新一轮高校哲学社会科学繁荣计划，推进哲学社会科学基础研究中长期重大专项，加强研究成果对经济社会发展的指导性和应用性。在加强社会主义核心价值观教育和中华优秀传统文化教育的前提下，加大境外高水平大学引进力度，扩大合资合作办学规模，鼓励设立

分校区和引入专业课程，促进高等教育机构良性竞争。积极开展高等教育“走出去”活动，探索海外办学，规范发展国际合作项目，提高出国留学特别是公费留学质量效益。

实施十五年基本公共教育。将学前三年教育和高中阶段教育纳入国家基本公共服务清单，在城乡规划、土地利用总体规划和年度用地计划中，留足学前教育和高中阶段教育的发展空间，确保普惠性幼儿园、普通高中、中等职业学校等用地需求得到满足。将学前教育和高中阶段教育的基本建设列为各地民生设施建设的重点工程，按照常住人口的一定比例，合理规划、及时补足学前教育和高中阶段教育的学位，并根据人口流动特别是适龄人口流动的状况做出适当调整，重点支持农村、贫困地区、城乡接合部以及全面两孩政策实施后新增人口比较集中地区的普惠性幼儿园建设，加大力度支持人口集中流入地和薄弱地区的高中阶段学校建设。在提高教师薪酬待遇的基础上，考虑到短期内财政实际的可承受能力和编制管理的限制，可以组建“混合所有制”的服务人员团队，管理层以体制内、事业编制人员为主组成，一线服务者以聘任制的职工、专业的社会工作者为主。配套建立清晰的职业上升通道和有效的薪酬制度，不断扩大专业化、职业化的学前教育和高中阶段教育工作者队伍。

探索建立0—3岁儿童早期综合发展体系。参照国际经验，结合本土实践，为0—3岁儿童及其家长、主要养育人提供健康营养、科学照护、安全保障、早期学习等综合服务。支持家庭学习养育知识和技能，履行好养育职责。政府对家庭提高养育能力、开展早期教育提供宏观指导，营造社会环境，建设示范项目，引导和带动社会投入，同时为孤儿、困境儿童、留守儿童、贫困地区儿童及其他有特殊需要的儿童及家庭提供兜底保障和服务。制定政策服务的流程和跨部门对接规程，统筹利用现有的跨部门、跨层级存量资源，同时引导增量资源优化配置，编制《婴幼儿照护和儿童早期教育服务发展规划》。在社区层面发展一定数量的公共托幼机构和儿童课外看护服务机构，鼓励有条件的用人单位提供更多的育儿便利条件，满足不同情况家庭的现实需求。加快制定托育服务和早期教育领域的行政法规，逐步推动更高层级立法程序，制定准入标准和行业规范，因地制宜优化收费和定价管理，建立行业运行监测评估体系和风险防范化解机制。依托妇幼保健、公共卫生、学前教育、儿童保护、社区工作、计生、妇联等领域的力量特别是基层和一线人员，同时鼓励企业和社会组织参与，建设专业化、职业化的幼有所育服务者队伍。

提高职业教育和培训有效性。制订中高职教育衔接计划，形成一体化的现代职教体系，提供高技能人才系统性培养方案。统筹制定、修订中高等职业教育专业目录、专业设施管理办法、专业教学及实习实训标准，统一推进课程体系和学校评估体系建设，全面衔接教材内容和管理规范。探索建立中等职业教育毕业生直接升入高等职业教育的机制，研究出台职业院校学历教育与职业培训相互沟通的制度，拓宽渠道，形成通路。全面推行工学结合、校企合作和顶岗实习，优化实训基地建设，增强教学的针对性和实用性，实现从学校到工作岗位的顺畅对接。加大职业教育师资队伍培养力度，搭建学校和企业协同协作平台，建立学校教师和企业技师双向流动机制，推动教学与实践互促共进。理顺企业内部技能人才上升通道，试点推广现代学徒制，促进技能人才职业化发展。有条件的地方可实施职业教育集团化办学，鼓励企业兴办合办职业教育机构。发挥行业协会积极作用，制定完善行业职业技能标准，丰富开展行业职业技能大赛，优化行业技能人才培养机制和发展路径，重点支持经济社会发展急需行业职业技能人才队伍建设。大力发展面向农村的职业教育、成人教育和技能培训，培育新型职业农民，提高农业劳动生产率。

2. 兼顾公平与效率，促进城乡居民稳定增收

实现更高质量的就业。探索发展智能化公共就业服务，应用物联网、大数据、云计算、空间地理信息集成等新一代信息技术手段，打造开放、合作、互联、分享的就业服务流程，引入多种就业新模式。搭建公共就业服务的智慧平台，以大数据分析为技术支撑，建立统一的智慧服务标准，实现不同行业、不同人群、不同企业的智慧服务互联，全方位提供智力、金融、渠道等服务，为用户提供满足不同需求的就业生态圈和服务链。建设人力资源公共服务大平台，提供领先的办公运营、会客洽谈、商务会展、政策对接、信息共享等场所，以及健身、休闲、娱乐、餐饮等高水准的配套设施，吸引国际知名人力资源服务机构。加强就业援助，对就业困难人员实行实名制动态管理，提高服务的针对性和有效性，实现就业托底无死角。开展分类帮扶，开发适宜的公益性岗位，确保城乡零就业家庭和最低生活保障家庭等至少有 1 人就业。发挥失业保险的援企稳岗作用，促进失业人员顺畅对接失业保险、就业援助、最低生活保障、

专项和临时救助等制度。

充分发挥创业带动就业效应。最大限度降低市场准入门槛，消除限制创业的制度性障碍，鼓励围绕新经济、新产业、新业态开展创业活动。加强创业培训力度，提升劳动者创业能力。拓宽创业投融资渠道，支持创业担保贷款、创业投资以及互联网金融等规范发展。加快构建一批低成本、便利化、全要素、开放式的众创空间，建立面向人人的创业服务平台。充分把握海外华侨知识精英群体崛起的有利趋势，积极设立研发中心、产学研一体化基地和科技成果转化平台，挖掘科技创新智力资源，与华人科学家、技术专家及研发团队建立多种形式的合作机制，吸引其回国创新创业，助力产业价值链、科技含量和产品附加值的提升。

合理拓宽财产性收入渠道。结合普惠金融发展，以货币市场特别是银行间市场中流动性较强、风险较小的短期金融工具为依托，开发抗通胀保本理财产品；以银信保三业合作或综合经营为平台，以大型企业流动资金融通等收益较高、风险可控的项目为主，发展担保型信托投资产品。规范发展房屋租赁市场，拓宽融资租赁渠道，盘活居民存量资产。扩大土地承包经营权流转规模，完善集体林权和草原承包经营制度，创造条件让更多村民依靠集体经济资产增加财产性收入。

扩大中等收入群体。坚持和强化按劳分配的主体作用，下决心、下大力气解决劳动收入存在的决定机制不平等、增长状况不正常、调控体系不健全、法治保障不到位等方面的突出问题，持续增加城乡居民和新市民劳动收入。强化工会维护职工权益的职能，大力培育工资集体协商主体，扩大工资集体协商覆盖范围，提高协商水平和实效，依靠机制保障劳动者正常增收。加强劳动者知识积累和技能培养，整合职成教育和培训资源，建立健全职工培训投入保障机制和政府补贴制度，显著提高劳动者素质和劳动生产率。健全以行业工资指导线、劳动力市场工资指导价位和人工成本信息发布为主要内容的工资指导制度，引导企业自主提高工资水平。落实促进民营经济健康发展的措施，消除制约非公有制经济发展的制度性障碍，创造条件让更多居民通过经营收入和创业收入进入中等收入者队伍。落实国家给予科研人员更大自主权的政策，提高成果转化收益中科研人员分享比例，允许成果转化收入突破事业单位工资总额限制，将科研经费使用的过程管理转为结果管理，切实激励广大科研人员创业增收。

强化再分配调节。优化财税调节，充分发挥社会保障特别是社会保险、社会福利、社会救助等的再分配作用，发展公益慈善事业。探索国有企业利润和国有资本收益向全民所有者转化的途径，重点向补充社保基金、完善基本公共服务等领域倾斜，通过降低居民刚性支出的办法增加居民转移性收入。

3. 坚持多层次可持续，完善社会保障体系

健全基本社会保险。加快建立覆盖全民、城乡统筹、保障到位的多支柱养老保险制度，扩大养老保险参保范围，深入实施城镇企业职工基本养老保险基金中央调剂制度，全面推进机关事业单位养老保险制度改革。大幅提升灵活就业人员、农民工等群体参加养老保险比例，提高参保补贴、费率优惠以及经办服务的便利性，实现

全民参保。逐步建立养老待遇正常调整机制，统筹有序提高退休人员基本养老金和城乡居民基础养老金标准。大力促进企业（职业）年金发展，积极探索建立养老保险第三支柱，初步构建起多层次养老保险体系。完善统一的城乡居民基本医疗保险制度，逐步提高基金统筹层次，缩小人群保障水平差异。加快实现基本医疗保险全国联网和异地就医结算，实现跨省异地安置退休人员住院费用直接结算。推进生育保险和基本医疗保险合并实施，确保职工生育期间的生育保险待遇不降低。以大病保险为延伸、医疗救助为补充，增强医保体系对重特大疾病的保障功能。

探索建立长期照护保障制度。总结长期护理保险制度试点地区经验，在全国推行符合国情的基本长期护理保险制度，形成以医保资金为主、个人缴费为辅，因地制宜、稳定可持续的筹资机制。加快建立全国统一的老年人健康状况分级评估和分级护理体系，指导各地根据老年人失能等级确定护理服务等级，明确待遇保障水平。鼓励各地结合实际需求和财政可承受能力，以经济困难的重度失能老年人为重点，探索建立兜底性的长期照护最低保障制度，由公共财政按一定标准，逐步将低保户、贫困户、低保边缘群体中的中度、重度失能老年人纳入保障，并根据经济发展和财力水平调整保障范围和保障水平。充分调动商业保险公司等市场主体的积极性，研发和提供丰富的长期护理商业保险产品，提升个性化、定制化水平，为适宜人群对接优质医疗和护理服务。

统一城乡社会救助和社会福利等制度。推动地方逐步并轨城乡最低生活保障标准，整合利用低保资格认定信息资源，持续实现动态管理、应保尽保和应退尽退。适度拓展专项救助制度，将低保边缘群体、符合条件的常住人口纳入救助范围，推广实施职业病和大病医疗救助、职业教育和高等教育救助等专项救助。逐步提高特困人员救助供养标准，按照健康评估和收入评估两个维度的标准将经济困难的失能老年人纳入老年人福利保障范围，根据实际需求合理安排集中和分散供养比例。加强城乡社区儿童照料和关爱服务体系建设，按需建设社区儿童之家和儿童福利机构，将留守儿童、困境儿童、残疾儿童纳入儿童福利保障体系。健全残疾人托养康复体系，构建残疾人友好型社会支持系统。

优化“房住不炒”体制机制。研究实施新一轮棚户区改造攻坚计划，优先安排改造国有工矿棚户区、林区（场）棚户区（危旧房）、垦区危房、城市危房（C、D 级）、城市棚户区、城市建成区内城中村，同时注重资金可持续性，切实防范棚改中的金融风险。加大对新市民的公租房保障力度，督促引导地方及时合理调整准入条件，放宽社保及公积金缴纳年限等门槛，加大对新就业无房职工和稳定就业外来务工人员等新市民的公租房保障力度，积极推动居住证持有人享有与当地户籍人口同等的住房保障权利。加强对各类特殊群体和困难群体的精准保障，充分考虑环卫工人、公交司机、青年医生、青年教师和科研人员、新毕业大学生等的居住需求，提供相应保障，符合条件的可实施定向配租。结合新一轮扶贫开展农村危房改造，突出精准帮扶和存量改造，在加强绩效评估基础上，对积极主动、成效显著的地方给予政策鼓励。

开展面向基本现代化的新一轮扶贫。面向全球可持续发展和我国社会主义现代化新目标，立足经济社会发展水平，科学调整贫困线标准，适时启动新一轮扶贫计划。建立健全贫困人口精准识别、精准扶持和动态脱贫的长效机制，发现一户、帮扶一户、脱贫一户。探索建立符合国情的相对贫困人口治理体系，推动全体人民共同富裕。

4. 建设健康中国，实现人人享有的全民健康

建立优质高效的医疗卫生服务体系。强化重大疾病防治和基本公共卫生服务，探索防治结合的服务新模式，研究推进电子健康档案向个人公开，完善突发公共卫生事件网络直报系统，推动传染病报告工作常态化制度化。进一步推进部门间数据共享，完善人口基础数据库，加强全员人口、住院分娩、儿童预防接种、死亡医学证明等数据的互通共享，建立人口跟踪监测信息资源库。深入开展妊娠风险防范、危急重症救治、质量安全提升、专科能力建设、便民优质服务等重点工作，落实母婴健康安全保障各项制度，提升助产机构服务能力。深化免费孕前优生健康检查和生育服务，继续推动落实孕产妇健康管理、0—6 岁儿童健康管理、免费提供避孕药具等国家基本公共卫生服务项目。深化公立医院改革，加强基层医疗卫生机构能力建设，加快健全全科医生培养体系，着力增加全科、儿科、精神科、妇产科、麻醉科等紧缺专业力量，加强对医护人员的激励，提高其工作积极性，满足群众日益提升的就医需求。

传承发展中医药和民族医药。推进中医药健康管理，细化、实化相关服务，指导民族地区制定民族医药健康管理规范。推进中医药重点专科（专病）建设，创建一批国家级和区域中医（专科）诊

疗中心，加强中医馆建设。加强中医药人才培养，持续实施中医药传承与创新“百千万”人才工程、国家中医药领军人才支持计划、全国中医（西学中、少数民族医药）优秀人才研修项目，继续推进中医、中药优势特色技术传承、中医护理骨干等人才培训专项。加强中医药和民族医药科学研究，开展国家中医临床研究基地建设，推进中药标准化项目实施。

促进积极健康的老龄化。将社区居家养老作为政府养老工作的重点，加强社区居家养老服务平台建设，尽快实现城乡社区综合服务设施全覆盖。整合社区、养老产品和服务供应商、卫生健康机构、驻区单位、社会工作者和志愿者队伍等资源，培育居家上门服务的提供主体，鼓励开展“嵌入式”的社区养老服务，面向居家老年人提供多层次、多样化、有针对性、便捷可及的养老服务。进一步提高养老机构中护理型床位的比例，政府举办和公建民营的养老机构新增床位应以护理型为主，存量床位逐步向护理型改造。根据老年人的健康状况（重度失能、中度失能、轻度失能）进行综合评分，由养老照护机构根据当地经济发展和物价变动等因素制定分级照护打包收费标准。由各地政府根据公共财力状况、按照评分制定分级保障标准，并动态调整保障水平和优先顺序，将经济困难的重度失能失智老年人纳入兜底保障，公办、公建民营养老机构优先收住。公共财政基本养老服务补贴实施“费随人走”，无论是民政办、卫生办，还是社会办的养老机构和老年护理机构，凡是收住纳入保障对象者，均按标准给予统一财政补贴。调整政府养老床位建设补贴、运营补贴的资助方向，对民办的养老机构、长期照护等医养结合机构发放补贴，应主要面向收住失能失智老年人的护理型床位。

发展体育事业和体育产业。优化体育供给，适应供给侧结构性改革新要求，加快建设体育设施补齐短板，有序推进体育领域政府和社会资本合作，培育多样化多层次体育服务。支持体育研发，重点增加体育用品制造企业研发投入，提高产品附加值，助力创新型国家建设。丰富体育业态，促进体旅融合、体教融合、体卫融合、文体融合，发展大健康产业、体育物流、体育金融、体育传媒、“互联网＋”体育。扩大体育开放，促进“引进来”和“走出去”相结合，扩大体育用品、装备、器材进出口，开展精品赛事等跨国合作和国际化营销。深化体育改革，以“放管服”释放体育事业和产业活力，持续扩大和升级体育产品、体育服务供给，促进体育消费。以高质量办好2022年冬季奥运会为契机，助力冰雪运动产业发展。

5. 加快均等化，提供普惠便捷的基本公共服务

推动城乡基本公共服务制度一体化。全面统筹城乡基本公共服务制度体系，有步骤、分阶段推进城乡基本公共服务在法规、规划、政策、项目、标准等方面的一体化，统筹建设服务机构，统筹配置服务队伍，统筹实现科学管理。向农村地区延伸城镇优质公共服务资源，探索推广城市公立医院直管乡镇卫生院、城镇公立学校直管乡镇中心小学等模式。落实农民工在城镇就业的基本公共服务制度安排，促进与城镇户籍人口平等享有就业登记、社会保险、技能培训、劳动保障监察等服务。方便异地务农人员通过适宜方式参加基本养老保险和基本医疗保险，平等享有流入地的公共就业服务。加快实现常住人口共享就业创业扶持政策。按照常住年限、学区划分

等依据，建立明确的义务教育入学条件排序制度，有序保障常住学龄人口依法就学、就近入学。探索将公办幼儿园的招生范围、购买学前教育学位财政补贴的受益范围扩大到全体常住学龄人口。以社会救助等底线保障作用明显的基本公共服务项目为重点，缩小非本地户籍常住人口与本地户籍人口在服务标准上的差距，率先将医疗救助、教育救助、大病医疗保险、失业登记等服务向全体常住人口平等提供。

缩小基本公共服务差距。显著缩小城乡基本公共服务水平差距，最低生活保障标准、专项救助和临时救助标准、公共卫生服务标准、居民社会保险财政补贴标准等属于基本生存保障的公共服务项目标准，到 2025 年城乡之比降低至 1.5 倍以内。大力推进农村社区服务体系建设，扩大乡镇级综合服务平台的覆盖率，提供一站式、一门式基本公共服务，搭建适应农村和牧区特点的基层服务平台。在地广人稀、居住分散的县区，建立流动服务的常态化机制，设立流动教学点、流动卫生室等机构，对农牧民开展巡诊等上门服务。提高基本公共服务事项统筹层次，通过上收事权、增加财政转移支付等手段，对相对落后的地区加大扶持力度，基本消除地区间基本公共服务在制度覆盖上的差距，显著缩小服务标准的差距。加快消除基本公共服务盲区，采取适宜方式，将暂住人口、未登记居住的常住人口纳入基本公共服务范围。注重保障跨统筹区域流动人员的基本公共服务权益，促进服务关系顺畅转移接续，避免出现服务“断流”和待遇“断档”。

提升公共服务管理水平。建议由全国人民代表大会或其常务委员会审议并批准国家基本公共服务清单及服务标准，作为政府兜底提供基本公共服务的底线。地方各级人大或其常委会，在落实国家清单这个“规定动作”的基础上，可增加地方项目作为“自选动作”。清单应涵盖服务项目的名称、目标人群、具体内容及最低标准，明确支出责任，尽可能制定关于服务人员配比、财力投入保障、土地供应指标等的详尽规定。打破行政藩篱，整合分散在各有关部门的公共服务数据，消除信息孤岛，建设基础信息库，搭建公共服务大数据平台，形成指标化、日常化、动态化的监测体系。部门年度自评估、综合部门定期评估、第三方评估相结合，客观成效进展与主观满意度相结合，投入指标与产出指标相结合，全面评价公共服务发展的质量效益。在政府兜底提供基本公共服务的前提下，进一步放开非基本公共服务市场，放宽准入条件，优化事中和事后监管，发挥行业协会作用，促进行业自律。不再新设以提供非基本公共服务为主的事业单位，不在非基本公共服务领域与社会力量抢资源、争利益。选取基本公共服务领域的适宜项目，积极推行购买服务，吸引民间资本和社会组织进入。鼓励公共服务新方式、新业态，避免监管的过度严苛，更多采取帮扶式监管的方式，给服务创新留足空间。

6. 以精细治理为基础，建设活力社会和安全社会

提升社会组织等发展能力。大力发展社会组织，加快健全完善登记体制，进一步降低社会组织登记门槛，全面实施直接登记制或备案制。大力发展行业协会商会、枢纽型社会组织和公益慈善类社会组织，重点推进规范化和品牌化建设，提高公信力和自我发展能

力。扩大社会组织承接政府职能和获取政府购买公共服务范围，扩展社会组织发展空间。落实完善财政扶持、税费优惠、人才队伍建设及社会保障等政策支持体系，加强社会组织规范管理和能力建设，促进健康快速发展。加快培育发展社会工作者队伍，通过多种灵活适宜的方式，在社区建设、矛盾调处、流动人口和特殊人群服务等领域加大社工服务引入力度。推行志愿服务项目需求和岗位定期发布机制，打造供需无缝对接平台，建立健全志愿服务记录管理，促进志愿者组织规范化常态化运行，提供多层次多样化特色服务。

创新城乡基层治理。推动社区职能转变和能力建设，在全国普遍实施社区公共服务事项准入制度，权随责走、费随事转，切实减轻社区行政负担。细化优化社区网格化管理，将社会管理和公共服务落实到社区、细化到网格、延伸到家庭。开展社区服务中心（站）社会化运营模式试点，探索形成政府引导和财政兜底、社会组织参与和直接运营、居民和社会有效评价评估的社会化社区服务新模式。构建基层治理共同体，加强和创新基层自治体制机制，推广城乡社区居民议事会制度，建立健全“居民代表进网格”工作制度。采取税费减免、购买服务、项目委托等形式，加大政策和资金支持力度，鼓励引导社会力量参与社区公共服务、便民利民服务和社会管理。创造条件鼓励支持居民互助和驻区单位共建，形成党委政府积极倡导、社区组织帮助扶持、专业社工引领引导、志愿者有效支撑、社区居民和驻区单位广泛参与的社区共治新格局。

防范化解社会矛盾和安全隐患。推进维权维稳综合协调机制建设，充分尊重、有力保障、顺畅实现群众需求诉求的表达权，发挥人大、政协、人民团体、社会组织和大众传媒的社会利益表达功能，引导群众积极有效、依法理性地表达诉求和主张权益。将群众利益贯彻到科学民主依法决策全过程，在制定决策前、决策执行中及实施完成后的各个环节引入群众权益评估机制，从源头上减少社会矛盾风险点。完善人民调解、行政调解、司法调解联动体系，加强基层调处化解社会矛盾的能力，健全司法体制和法律援助制度，守住维护群众权益的法律法规底线。

打造全天候的社会治安防控网络。重点加强社会治安和反恐情报信息工作，实时监控重点场所和敏感部位，及时消除各类盲点，预先排查风险隐患，预判指导应急处突。坚持依法防范和惩治，坚持持续高压和严打方针，坚决打击和遏制严重危害人民群众生命财产安全的刑事犯罪案件、恶性极端事件和暴力恐怖活动。搭建现实社会和虚拟空间有效衔接的防控网络，广泛动员、因地制宜开展群访群治活动，提高全民防范意识，共建平安中国。

（执笔人：顾严）

主要参考文献：

[1] The United Nations (Population Division of the Department of Economic and Social Affairs), World Population Prospects 2019, https://population.un.org/wpp/.

[2] The United Nations (Population Division of the Department of Economic and Social Affairs), World Urbanization Prospects 2018, https://population.un.org/wup/.

[3] 顾严."十四五"中度老龄化社会的挑战与对策.中国国情国力，2019(2).

[4] 顾严.关于发展基本公共教育的建议.行政管理改革，2019(2).

[5] 顾严.推进公共服务高质量发展的建议.中国发展观察，2018(24).

[6] 顾严、佘宇.构建具有中国特色的幼有所育服务体系.开放导报，2018(6).

[7] 国家统计局.2018年农民工监测调查报告，http://www.stats.gov.cn/tjsj/zxfb/201904/t20190429_1662268.html.

[8] 刘世锦.中国经济增长十年展望(2019—2028)：建设高标准市场经济.北京：中信出版社，2019.

[9] 民政部.2018年民政事业发展统计公报，http://www.mca.gov.cn/article//sj/tjgb/201908/20190800018807.shtml.

第五章

我国收入分配结构与社会风险应对

社会风险是指由于自然灾害、经济因素、技术因素、社会因素等引发的社会失序或社会动荡的可能性，社会风险意味着爆发社会危机的可能性。社会风险因子具有突发性和长期累积性，社会群体间矛盾与冲突在短期内或局部内未必构成显性威胁，但矛盾冲突的长期积累与牵涉范围的扩展则会成为社会风险源。一般来讲，消费者的收入和消费需求成正比，消费者支付能力越强，消费需求就会越大。当前，我国收入分配差距依然较大，基尼系数仍在高位运行，需要高度关注收入分配结构阻碍消费增长和社会稳定的风险。

第一节　我国收入分配结构阻碍消费增长的影响程度

改革开放40多年来，随着我国经济社会的快速发展和综合国力的显著增强，城乡居民生活水平显著提高，居民收入持续快速增长，收入来源明显多元化，分配差距持续缩小，消费质量明显改善，食品支出比重持续下降，居民居住面积明显提高。特别是党的十八大以来，居民收入继续快速增长，分配差距进一步缩小，消费结构继续改善，生活质量继续提高，为全面建成小康社会奠定了坚实的基础。但同时也必须看到，收入分配是世界性难题，我国作为发展中国家，收入分配领域不平衡不充分问题仍较突出。尤其是近年来，我国处于增长速度换挡、结构调整阵痛、前期刺激政策消化的三期叠加过程中，加之国际上民粹主义盛行、贸易保护主义抬头、反全球化倾向愈演愈烈，扩大就业受到一些不利影响，增收动能有所减弱，居民收入增长较为乏力。我国居民人均可支配收入实际增速自2013年跌破两位数以来，总体呈现放缓的趋势，2016年达到近五年的最低点6.3%。虽然2017年全国居民人均可支配收入实际增长7.3%，较2016年回升1个百分点，但2018年实际增长仅6.5%，居民增收的压力仍然较大。

收入决定消费，居民收入增长是其消费增长的重要原因。随着我国居民收入水平的大幅提高，居民消费水平和消费结构明显改善。在解决了温饱问题后，城乡居民开始从基本的吃穿消费向发展型消费和享受型消费倾斜。同时，随着消费市场持续完善，消费环境不断优化，公共设施覆盖率提高，社会服务更加全面，城乡居民从吃穿住用的品质，到能够享受的医疗教育服务水平，都发生着重大的变化，生活质量不断提升。近年来，我国居民消费支出增长较快，农村居民消费支出增长又快于城镇居民，体育、健康、旅游等服务消费势头强劲，追求舒适生活的享受型消费需求旺盛。2018年，我国社会消费品零售总额达到380987亿元，城乡居民家庭恩格尔系数下降到28.4%，这表明城乡居民收入稳定增长带来了消费能力和消费层次的提升。居民消费升级拉动内需并带来产业、区域、贸易、收入分配等结构的优化。我国拉动内需主要通过扩大国内投资和国内消费来实现。一直以来，我国经济增长的投资拉动效应较为明显，但随着经济由高速增长阶段转向高质量发展阶段，靠投资拉动的经济增长效率开始降低。持续拉动内需，必须着力促进国内消费的升级，居民消费升级将成为拉动内需的主要动力。2018 年，消费对我国经济增长的贡献率为 76.2%，消费已经连续 5 年成为经济增长的第一驱动力。在内需改善的影响下，我国经济结构将会进一步优化，并带来产业、区域、贸易、收入分配等结构的优化。从产业结构看，产业结构的优化将改善就业结构、提升就业的收入水平，就业结构和收入水平的提升又不断提升对新产业的需求。从区域结构看，随着越来越多的农业转移人口进入城镇，其就业形态将日趋多样化，收入来源将日趋多元化，收入水平将得到不断提高，区域和城乡收入差距也会进一步缩小。从贸易结构看，消费需求的升级必然会产生对国外贸易产品和服务的引致需求，从而更加细化贸易结构，促进贸易结构优化升级。从收入分配结构看，在需求改善的条件下，由扩大中等收入群体产生的“橄榄形”社会结构可以烫平由市场失灵产生的收入分配不平等。

但是，我们也需要看到，尽管近年来我国的消费率总体呈上升趋势（见表 5.1），但与世界主要代表性国家的消费率相比，我国的消费率不仅远低于发达国家的平均水平，也明显低于新型经济体国家和具有高储蓄、低消费传统的东亚国家和地区。我国目前已经进入工业化的后期，但消费率仍然没有表现出明显的上升趋势。利用我国 1992—2017 年的数据，在控制其他因素而仅考虑收入分配的情形下，弹性分析的结果表明：在控制其他变量的条件下，居民消费率与劳动者报酬占比正相关，而与居民收入差距负相关。劳动者报酬占比每提高 1 个百分点，会导致居民消费率提高 0.27 个百分点；城乡收入差距每提高 1 个百分点，会导致居民消费率下降 0.07 个百分点。换言之，自 20 世纪 90 年代初期以来，中国劳动者报酬占 GDP 的比重渐趋下降，城乡居民收入差距也在逐渐拉大，这些因素是导致居民消费率出现趋势性下降的重要成因。尽管近年来这种情况有所改观，但效果仍不太明显。

表 5.1 1992—2017 年我国居民消费与收入分配情况

年份	居民消费率（%）	城乡收入差距（%）	劳动报酬占比（%）
1992	45.08	2.58	68.70
1993	43.71	2.80	64.72
1994	43.95	2.86	66.88
1995	45.63	2.71	66.18
1996	46.70	2.51	69.02
1997	45.80	2.47	68.00
1998	45.39	2.51	68.31
1999	46.10	2.65	66.68
2000	46.72	2.79	66.09
2001	45.58	2.90	64.39
2002	45.09	3.11	62.62
2003	42.90	3.23	62.00
2004	40.86	3.21	59.13
2005	39.77	3.22	58.89
2006	38.04	3.28	58.37
2007	36.72	3.33	57.26
2008	36.01	3.31	57.19

续　表

年份	居民消费率（%）	城乡收入差距（%）	劳动报酬占比（%）
2009	36.21	3.33	58.68
2010	35.60	3.23	58.40
2011	36.31	3.13	59.27
2012	36.67	3.10	60.18
2013	36.82	3.03	61.29
2014	37.47	2.75	60.65
2015	38.02	2.95	61.36
2016	39.34	2.95	62.10
2017	39.07	2.71	62.70

资料来源：根据历年《中国统计年鉴》数据整理计算。

第二节　我国收入分配结构对社会风险的影响

“十四五”时期是我国人均国民收入由中高水平迈向高水平的窗口期，也是我国由全面建成小康社会向基本实现社会主义现代化迈进的关键期。中国特色社会主义进入新时代，我国经济社会发展的内在条件持续发生深刻变化，经济增速转变、产业结构调整、新型城镇化深入推进以及国际经贸关系变化等，对收入分配结构影响复杂。根据对我国居民收入分配结构现状的分析和预测，“十四五”时期我国收入分配结构的社会风险因素大致包括以下几个方面。

一、居民收入分配结构面临持续性风险

一是工资性收入增长放缓。受产业转型升级、信息化、“机器换人”等因素影响，近年来我国居民工资性收入增速总体放缓。2018年，全国居民人均工资性收入同比增长8.3%，较2014年下降1.4个百分点；部分技能水平较低的群体收入受到冲击更大，农民工月均收入同比增长6.8%，较2014年下降3.0个百分点。

二是经营净收入增长出现波动。宏观经济持续面临下行压力，加之中美贸易摩擦影响，私营企业特别是中小企业盈利能力下降，我国居民经营净收入增长出现波动。2018年，全国居民人均经营净收入同比增长7.8%，较2014年下降0.9个百分点。

三是财产净收入不确定性增加。2018年，全国居民人均财产净收入同比增长12.9%，略高于2014年，但我国股市和房市波动增加了居民财产净收入增长的不确定性。2015年以来我国股市出现了较大幅度起伏，广大股民的股息收入大幅波动，亏损面较大；房地产市场持续低迷，大中城市房价的上涨空间不断被挤压，导致城乡居民财产净收入的增长空间压缩。

四是转移净收入面临“天花板”压力。2017年，全国居民人均转移净收入同比增长8.9%，较2014年下降3.7个百分点。财政收入增速放缓，扩大财政支出以提高民生保障水平与财政承受能力之间的矛盾日益显现，居民转移净收入面临“天花板”压力。随着脱贫攻坚向乡村振兴迈进，剩余贫困人口致贫原因复杂，脱贫难度更大。

二、劳动力供给风险

近年来，在国民经济平稳增长和积极就业政策持续发力的支撑下，我国就业形势保持稳中向好走势，城镇就业规模持续扩大，城镇年均新增就业 1100 万人以上，城镇调查失业率保持在 5% 之下。就业结构继续优化，服务业吸纳就业能力进一步增强，特别是随着互联网、数字化技术、人工智能等的快速发展，催生出数字经济、共享经济等新经济、新业态，形成了就业增长的新源泉，涌现出灵活就业、分时就业等形式，为劳动者就业增收提供了新选择。就业质量进一步提高，经济增长的就业弹性稳步提高，经济高质量发展与就业增长的良性互动机制正在形成。但是我们也需要看到，我国迫切需要解决收入差距过大的问题，否则会严重影响我国的劳动力供给状况。对于有的低收入居民来说，由于收入过低，远远达不到合理的预期值，使他们不愿意去劳动，而宁愿依赖于政府的救济，甚至通过各种非法手段去谋生，这样我国劳动力资源就不能得到有效的开发，还会造成很多社会不安定因素。对于高收入居民来说，因为他们有了足够的收入来源，特别是有了足够的非劳动性收入来源，那么他们就可能会减少劳动供给，过多地增加闲暇时间和奢侈性消费，甚至出现食利阶层和寄生现象。这样一来，就会对我国的总体劳动力供给状况产生不利影响。

三、社会有效需求不足风险

投资、消费和净出口是拉动国民经济的“三驾马车”，曾经有一段时间，我国经济增长偏重于投资和净出口这“两驾马车”拉动。国际金融危机以来，世界经济在波折中复苏，全球范围内的贸易保护主义抬头，这对我国的贸易出口造成了不利影响。在这样的国际形势下，如何扩大国内消费成为保持国民经济增长的关键问题。然而，目前我国居民间的收入差距过大，必将导致我国的社会有效需求不足。其原因在于：对于高收入阶层来说，他们对消费品的需求已经接近饱和，也就是说，他们的边际消费倾向很低，这使得高收入阶层虽持有更多的金钱却不愿消费；而低收入阶层虽然有较强的消费欲望，其边际消费倾向很高，但由于受到他们自身收入水平的限制，他们就是想增加消费也难以真正实现；中等收入阶层出于对未来不确定性支出的预期，储蓄意愿十分强烈，想消费却又不敢花钱去消费。以上这些原因可能会产生消费需求的断层，使我国居民的平均消费倾向无法得到有效提高，进而导致整个社会的有效需求不足。

四、社会稳定与安全风险

在现代社会中，社会稳定与安全是经济资源有效配置的重要保障。居于不同收入分层的社会群体的消费能力、生活水平存在一定差距，如果这种差距在全社会范围内扩大到一定程度，处于收入高位层级社会成员的心理优越感以及处于收入低位层级社会成员的心理失落感都会增加。对于处于低位层级的社会成员而言，收入差距造成的心理压力可能引发对现状的不满、仇富与焦躁，导致心理失衡，从而威胁到整个社会的稳定与安全。部分社会成员可能因负面情绪得不到有效缓解进而诉诸过激甚至非法行动，近年来我国群体性事件的发生数量、规模、强烈度等特征，需要引起全社会的高度重视。

第三节 我国收入分配结构潜在社会风险的对策建议

我国的收入分配结构一方面受到经济增长诸因素的影响，但全球化也起到了“激化”和“固化”的作用。对于我国当前的收入分配结构问题，我们不能坐等库兹涅茨“倒 U 曲线”之“拐点”的到来，而是要充分发挥市场和政府的作用，运用制度措施，积极予以应对。

一、充分发挥市场配置资源的决定性作用

厘清政府与市场的作用边界，减少政府对基础性资源配置机制的干预，减少寻租型收入机会。在保障市场在资源配置中起决定性作用的前提下，政府需要更好地发挥自身作用，依法建立统一的、规则清晰的要素市场，消除体制性壁垒，降低对市场主体行为的制度性交易成本，有效进行市场监管，保障市场公平、有序运行，引导市场中各主体、各部门对流量收入、存量财产增长的合理预期。

一是完善劳动要素按贡献参与分配政策。就业是民生之本，是收入之源。更高质量和更充分的就业不仅是增强人们获得感、幸福感、安全感的重要保障，也是逐步实现全体人民共同富裕的重要保

障。要坚持就业优先战略和积极就业政策，实现更高质量和更充分就业。大力推进“大众创业、万众创新”，提供全方位公共就业服务，促进高校毕业生等青年群体、农民工多渠道就业创业。加快破除妨碍劳动力、人才社会性流动的体制机制弊端，使人人都有通过辛勤劳动实现自身发展的机会。

二是完善资本要素按贡献参与分配政策。加快发展多层次资本市场，落实上市公司分红制度。完善房地产租赁市场，丰富并普及居民可投资金融产品，拓宽居民租金、股息、红利等增收渠道。加快推进农村土地“三权分置”改革，确保农民分享流转收益。全面建立覆盖全部国有企业、分级管理的国有资本经营预算和收益分享制度，扩大国有资本收益上缴范围和比例。

三是完善技术要素按贡献参与分配政策。健全以实际贡献为评价标准的科技创新人才薪酬制度，鼓励企事业单位对紧缺急需的高层次、高技能人才实行协议工资、项目工资。鼓励各种形式的风险投资发展，创新商业模式，促进科技成果资本化、产业化。健全技术创新激励机制，建立科技成果入股、岗位分红激励等分配办法，保障技术成果在分配中的应得份额。

四是完善管理要素按贡献参与分配政策。在限高基础上，建立与分类管理相适应、选任方式相匹配的国有企业高管人员差异化薪酬分配制度。综合考虑当期业绩和持续发展，健全根据经营管理绩效、风险和责任确定薪酬的制度，推广薪酬延期支付和追索扣回制度，同时合理确定并严格规范国有企业管理人员薪酬水平、职务待遇、职务消费、业务消费。

二、更好地发挥政府的调节作用

城乡收入差距是影响中国平均消费倾向以及居民消费率的重要因素，必须在城镇化和农业现代化同步推进的基础上，加快完善以税收、社会保障、转移支付为主要手段的再分配机制，逐步缩小收入分配差距，使“调高、扩中、保低”的政策措施有效落地，促进基本公共服务均等化。

一是优化税制结构，完善税收调节的政策体系。在整体税制结构上，推进降低间接税比重，提升直接税比重。扩大资源税征收范围，提高资源税税负水平。调整部分消费税的税目和税率，将部分高档娱乐消费和高档奢侈消费品纳入征收范围。将消费税的征税环节延伸至销售环节，销售环节的消费税收入划归地方，以充实地方税体系的财源。改革个人所得税，实行综合和分类相结合的个人所得税征收模式，制定更合理的税率和费用扣除标准。实行代扣代缴和自行申报相结合的征管制度，建立健全个人收入和财产信息系统，堵塞征收漏洞。完善高收入者个人所得税的征收、管理和处罚措施，加大对偷逃税款等违法行为的监管查处力度。引入累进的财产税，推进房地产税立法和实施，赋予地方政府在房地产税征收方面更大的自主权，通过积极稳妥推进房地产税改革，健全基层政府的收入体系。严格官员财产报告制度，全面建设居民财产申报、登记、查验、保护、交易制度，为开征遗产税和赠与税创造条件。

二是完善社会保障的政策体系。完善基本养老保险政策，全面实施全民参保计划。完善统账结合的城镇职工基本养老保险制度，构建包括基本养老保险、职业（企业）年金与个人储蓄性养老保险、商业保险的多层次养老保险体系。坚持精算平衡，分清政府、企业、个人的责任，适当降低社会保险费率。扩大社会保障基金筹资渠道，推进社会保险基金投资运营，实现基金保值增值。加快健全全民医保政策，实施健康中国战略。完善统一的城乡居民基本医疗保险制度和大病保险制度，完善城乡医疗救助制度。建立长期护理保险制度，不断完善政策体系，减轻长期失能人员的家庭经济负担。协同推进基本医疗保险、大病保险、补充医疗保险、商业健康保险发展，在保基本基础上满足人民群众多样化多层次的保障需求。统筹城乡社会救助政策，完善最低生活保障制度。健全城乡低收入群体基本生活保障标准与物价上涨挂钩的联动机制，逐步提高城乡居民最低生活保障水平。提高优抚对象抚恤补助标准，健全经济困难的高龄、独居、失能等老年人的补贴制度。建立健全残疾人基本福利制度，完善扶残助残服务体系，提升儿童福利服务水平。

三是完善转移支付的政策体系，实现基本公共服务均等化。优化转移支付结构，增加一般性转移支付的规模和比重，控制和缩小各地区间政府财力差距。严格规范专项转移支付的设置，对现有地方专项资金进行整合、压缩，对使用方向一致、能归并的项目予以归并。以贫困地区和贫困人口为重点，着力扩大覆盖范围、补齐短板、缩小差距，不断提高基本公共服务均等化程度。制定基本公共服务保障国家基础标准，加大基本公共服务投入，在充分考虑地区间支出成本因素的基础上，将常住人口人均财政支出差异控制在合理区间。

三、建立支付能力稳定增强机制

一是要建立健全收入增长机制。不断提高城乡低收入群体的收入水平，增强其支付能力，这是扩大消费的最有效途径。要合理调整分配关系，努力实现居民收入增长与国家经济同步提高，增加低收入者收入，缩小收入差距扩大趋势，进一步提高农民的收入。要进一步提高工薪阶层的收入，要千方百计增加就业，调动各方面的积极性，增加就业创业机会。要大力扶持中小企业的发展，加快发展服务业，努力增加就业岗位。

二是要加快消费信贷的发展。消费信贷在增强城乡居民的支付能力方面作用很大，而且还可以长期发挥作用，已成为扩大消费需求长效机制的重要一环。要引导消费观念与消费行为，积极培育多层次的消费信贷体系，不断丰富我国的消费信贷品种，建立和完善个人征信制度，加快建立健全消费信贷的法律体系。

三是要切实保护消费者权益。整顿和规范市场秩序，健全市场监管体系，建立有序的市场秩序。严惩商业欺诈，强化对食品药品等的质量和卫生监管，切实保护消费者的合法权益，为建立扩大消费的长效机制提供法治保障。

（执笔人：谭永生）

主要参考文献：

［1］国家发展和改革委员会就业和收入分配司、北京师范大学中国收入分配研究院．中国居民收入分配年度报告（2018）．北京：社会科学文献出版社，2019.

［2］迟福林．经济全球化变局：扩大中等收入群体大战略．北京：中国工人出版社，2018.

［3］贾康等．深化收入分配制度改革研究．北京：企业管理出版社，2018.

［4］常兴华、李伟．我国宏观收入分配格局再研究．宏观经济研究，2018（5）．

［5］李强、戈艳霞．我国中产阶层发展滞后的现状、原因与对策．中国人民大学学报，2017（3）．

［6］陈斌开．收入分配与中国居民消费：理论和基于中国的实证研究．南开经济研究，2012（1）．

［7］朱信凯、骆晨．消费函数的理论逻辑与中国化：一个文献综述．经济研究，2011（1）．

［8］杨汝岱、朱诗娥．公平和效率不可兼得吗？——基于居民边际消费倾向的研究．经济研究，2007（12）．

［9］李军．收入差距对消费需求影响的定量分析．数量经济技术经济研究，2003（9）．

［10］苏良军、何一峰．中国存在消费的“库兹涅茨之谜”吗．经济科学，2006（6）．

第六章

我国中长期人口发展趋势及潜在风险

人口变化会对社会发展诸多方面产生影响，预测未来人口变动情况是加强形势政策研究的一项基础性工作。未来一段时间，我国将经历人口发展从数量压力到结构性挑战的历史性转变，并产生一系列新的重大人口问题。准确判断我国未来人口发展趋势，进而在此基础上制定与时俱进的经济社会发展战略，应对新时代的新挑战，是一项十分迫切而重要的工作。

第一节　我国中长期人口发展的趋势

一、人口总量下降拐点将在未来十年内出现

人口总量的变化是人口预测首先要回答的问题，这也是社会舆论较为关注的问题。PADIS-INT 的人口预测结果显示，在现有人口政策下，未来中国人口（不包括香港、澳门特别行政区和台湾地区，下同）将持续增长一段时间，并在 2029 年迎来人口总量下降的拐点。具体而言，我国预计 2025 年将达到人口总量峰值 14.3 亿人，此后进入稳定负增长阶段，2050 年降至 13.7 亿人，2100 年降至 9.8 亿人。《世界人口展望（2017）》修订版中的预测结果同样表明，中国将在 2029 年达到人口总量峰值 14.4 亿人，2035 年为 14.3

亿人，2050 年为 13.6 亿人，2100 年为 10.2 亿人。而《世界人口展望（2019）》更新了预测结果，认为中国人口总量的拐点将会推迟到 2031 年，峰值人口为 14.6 亿人。中国社会科学院人口与劳动经济研究所王广州研究员的研究表明，在保持现有人口政策长期不变的情况下，中国总人口峰值将在 14.2 亿人以内，达到或超过 14.3 亿人的可能性很小，总人口负增长起始年份在 2026—2027 年。商业领域也非常重视人口问题，中泰证券研究所的梁中华利用 Leslie 模型进行人口预测，按照死亡率不变的窄口径预测，我国人口拐点将发生在 2027 年，人口规模约 14.3 亿人。

综合比对多种人口总量预测的结果可以发现，大部分预测结果认为，中国人口总量下降的拐点将会发生在 2027—2029 年。也就是说，在未来十年内，我国人口将迎来趋势性的负增长。需要注意的是，部分人口预测进行了人口总量的国际对比，《世界人口展望（2017）》修订版结果表明，印度将在 2024 年超越中国成为世界第一人口大国，而《世界人口展望（2019）》则认为印度人口超越中国的时间会发生在 2027 年。综合来看，印度人口总量在未来十年内超越中国是大概率事件。

二、出生人口规模将波动下降

影响生育的因素很多，既有主观的生育意愿，也有客观的经济发展水平和生育政策，甚至生肖偏好和生肖避讳都会对出生人口规模产生影响，因此出生人口规模是较难预测的。PADIS-INT 的人口预测结果显示，在现有的生育政策下，未来 15 年我国出生人口规模将快速下降，平均每年下降近 40 万人。《世界人口展望（2017）》修订版反推的出生人口规模表明，我国 2025 年出生人口为 1430 万人，2035 年为 1296 万人，2050 年为 1231 万人，2100 年为 896 万人。王广州的研究认为，我国出生人口将在 2021 年降至 1500 万人以内，到 2025 年下降到 1300 万人以内，2030 年为 1158 万人，2040 年为 1167 万人，2050 年为 1095 万人。梁中华的预测结果显示，未来我国新出生人口数量会进一步减少，预计很快会回归到 1100 万人的低位。

预测出生人口规模的难度决定了预测结果存在较大的差异性，但从趋势上看，多种预测的共识是中国出生人口规模将会呈现显著下降态势。2020—2050 年，PADIS-INT 的人口预测结果是下降 415 万人，联合国的预测结果为下降 361 万人，王广州的预测结果为下降 497 万人，2020—2050 年出生人口规模下降的幅度在 300 万—500 万人。造成出生人口规模下降的主要原因是育龄妇女规模持续减少，PADIS-INT 的人口预测结果显示，中国生育旺盛期育龄妇女（20—34 岁）规模将从 2018 年的 1.52 亿人降至 2030 年的 1.01 亿人，下降了三分之一，平均每年减少 426 万人，并在此后开始增加，2050 年前后回升到 1.1 亿人左右。考虑到出生人口规模受育龄妇女规模的影响，育龄妇女规模存在随时间变化的波动性，中国出生人口规模可能并不是直线下降而是呈现出一定的波动性。

三、劳动年龄人口缩减与年龄结构老龄化

劳动年龄人口规模代表了劳动力供给和人口红利状况。PADIS-

INT 的人口预测结果显示，我国劳动年龄人口在未来一段时间规模将持续缩减，占总人口的比重亦持续缩小。从 2026 年至 21 世纪末期，劳动年龄人口缩减态势加剧，2050 年降至 7.88 亿人，2100 年降至 5.11 亿人，2026—2035 年年均下降 750 万人，2035—2050 年年均下降近 800 万人，2050—2100 年年均下降 554 万人。从比重上看，15—64 岁人口占总人口的比重在 21 世纪中叶前将持续下降，到 2035 年降至 63.67%，到 2050 年降至 57.71%，此后至 21 世纪末，劳动年龄人口比重保持相对稳定，在 52%—55% 的区间内波动。《世界人口展望（2017）》修订版结果显示，劳动年龄人口 2026—2035 年年均下降近 700 万人，2035—2050 年年均下降近 1150 万人，2050—2100 年年均下降 528 万人。梁中华的预测结果显示，未来 5 年我国劳动年龄人口将平均每年减少 300 万人以上，2024—2026 年有所缓和，2028—2039 年的十年间，我国每年将减少劳动年龄人口 1000 万人以上。

通过比对多种关于出生人口规模的预测结果可以发现，劳动年龄人口缩减成为未来人口发展的主要趋势，而且这种进程将会呈现先缓慢后加剧的态势。前期劳动年龄人口缓慢缩减为我国应对劳动力短缺提供了极为珍贵的窗口期，这个时间段在 2020—2030 年。同时，还应引起注意的是劳动年龄人口年龄结构也将趋向老龄化。PADIS-INT 的人口预测结果显示，我国 45—64 岁人口占劳动年龄人口的比重将从 2020 年的 40.46% 提高到 2027 年的 44.65%，至 21 世纪末，45—64 岁劳动年龄人口占比将在 43%—47% 的范围内波动。15—64 岁人口年龄中位数从 2018 年的 39.62 岁提高到 2037 年的 42.73 岁，此后小幅下降，到 2050 年为 41.46 岁。从国际对比来看，《世界人口展望（2017）》修订版的预测结果显示，我国在 2026 年劳动年龄人口规模将低于印度，成为世界第二劳动力大国。

四、老年人口规模增长且高龄老年人比重上升

老龄化一直是我国社会各界关注的问题，学界常用“未富先老”或“未备先老”来描述我国老龄化所遭遇的困境，那么未来数十年我国老龄化的程度又是怎样呢？PADIS-INT 的人口预测结果显示，未来 30 年我国 65 岁及以上老年人口将迎来一个快速增长时期，老年人口规模将从 2021 年的 1.95 亿人上升为 2050 年的 4 亿人，年均增加近 700 万人。预计到 2060 年老年人口达到峰值 4.4 亿人。2060 年后，老年人口规模开始下降，至 2100 年降为 3.47 亿人，年均减少 232 万人。由于出生人口的队列效应，我国 1962—1973 年生育高峰出生的人口将在 2027—2038 年进入老年队列，因此 2027—2038 年老年人口增长迅速，年均增长 1100 万人以上。从比重来看，按照国际通行划分标准，当一个国家或地区 65 岁及以上人口占比超过 7% 时，意味着进入老龄化社会；达到 14%，为深度老龄化社会；超过 21%，则进入超老龄化社会。我国将在 2022 年进入深度老龄化社会，2033 年进入超老龄化社会。《世界人口展望（2017）》修订版的预测结果显示，我国老年人口规模的高峰会发生在 2060 年，峰值为 4.11 亿人，2027—2038 年同样是老年人口快速增长期，年均增长 1200 万人以上。《世界人口展望（2019）》的数据显示，我国老年人口 2020 年为 1.72 亿人，2035 年超过 3 亿人，2050 年为 3.66 亿人；

2060 年达到峰值 3.98 亿人，占比 29.83%；随后老年人口缓慢下降，2100 年为 3.39 亿人，占比 31.8%。梁中华的研究发现，在宽、窄两个口径模型的测算下，我国老年人口占比均在 2021 年超过 14%，即进入深度老龄化社会，2031 年超过 21%，进入超老龄化社会。北京协和医学院和中国老年保健协会（CAWA）发布报告指出，到 2026 年，中国将成为一个老龄化社会。

综合多种数据的共同点，我国未来 30 年老年人口进入快速增长期，老年人口规模的高峰发生在 2060 年，峰值可能在 3.9 亿人到 4.4 亿人。2027—2038 年老年人口年均增幅应在 1100 万人以上，在 21 世纪下半叶老年人口规模才会开始回落。从老年人口比重来看，未来 5 年内我国将进入深度老龄化社会，未来 15 年内将进入超老龄化社会。值得注意的是，80 岁及以上的高龄老年人占老年人口的比重上升。PADIS-INT 的人口预测结果显示，我国 2035 年高龄老年人增至 7633 万人，2050 年达到 14310 万人。高龄老人在 65 岁及以上人口中所占比重从 2018 年的 19.55% 增加到 2050 年的 35.75%、2100 年的 49.52%。《世界人口展望（2017）》修订版的预测结果显示，高龄老年人占总人口的比例，到 2025 年可能会上升到 2%（2860 万人）；到 2050 年，该比例将暴增至 8%（10880 万人）；到 2050 年前后，高龄老年人照护需求的保障将成为重要的社会问题。

第二节　未来人口变化的潜在社会风险

一、抚养比加大导致养老金存在穿底风险

老年人口的增多以及老年人口占比增大带来的显著后果就是养老负担加重。PADIS-INT 的人口预测结果显示，由于 0—14 岁的少儿人口规模也处于持续缩减中，少儿抚养比相对比较平稳，到 21 世纪末都将在 21—25 之间波动。而 65 岁及以上老年人口规模增长迅速，且劳动年龄人口规模持续缩减，导致老年抚养比增长较快，从 2020 年的 19.21 增长到 2060 年的 64.21。与此同时，总人口抚养比从 2020 年的 43.57 增至 2060 年的 88.64。2060 年后，总人口抚养比将经历一个先下降后增长的平缓变动过程，至 2100 年为 91.14。《世界人口展望（2017）》修订版的人口预测结果显示，中国总人口抚养比从 2020 年的 42.56 增至 2060 年的 82.52、2100 年的 85.00。梁中华的测算表明，我国老年人口抚养比将从 2018 年的 17 继续上行，到 2030 年将突破 30，到 2042 年突破 50，到 2050 年接近 60；而我国总人口抚养比将从当前的 41 上升到 2030 年的 51、2040 年的 68 和 2050 年接近 80。

由于我国的养老金属于现收现付制度（Pay-As-You-Go），现在老年人的养老金主要来源于劳动年龄人口所缴纳的养老保险。老年抚养比的增大给养老金带来巨大的压力，养老金存在收不抵支的风

险。据中国社会科学院《中国养老金精算报告2019—2050》预测，在“大口径”下，2019年全国城镇企业职工基本养老保险基金累计结余为4.26万亿元，此后持续增长，到2027年达到峰值6.99万亿元，到2028年养老金当期结余首次出现负数，为-1181.3亿元，到2035年耗尽累计结余。耗尽累计结余也就意味着养老金穿底。与此同时，老年人口快速增加期和劳动年龄人口快速下降期也发生在2035年前后。养老金穿底和多个人口负增长趋势同期发生，加之社会舆论效应叠加，会对群众造成巨大的心理压力，引发社会恐慌，影响社会稳定。

二、地区间人口集疏分化严重

人口在地理空间上的分布也是人口发展趋势预测的重要方面。人口分布在地区间的主要体现就是人口集聚和人口塌陷。中国指数研究院的研究报告指出，京津冀都市圈、长三角都市圈、珠三角都市圈、中原都市圈和成渝都市圈2040年人口规模分别可达1.05亿人、1.12亿人、8402万人、7431万人、7566万人，合计约4.5亿人，占全国人口的30%。恒大研究院的任泽平团队预测，19大城市群将以1/4的土地集聚74%的人口，创造90%的GDP，其中城镇人口占比77%。到2030年，2亿新增城镇人口约80%将分布在19个城市群，约60%将分布在长三角、珠三角、京津冀、长江中游、成渝、中原、山东半岛七大城市群。中国未来有望形成长三角、京津冀、长江中游、山东半岛、成渝5个人口亿级城市群、10个以上1000万级城市、12个左右2000万级大都市圈。

与人口向都市圈集聚相对应的是局部地区人口塌陷。目前局部地区人口塌陷的趋势已经开始显现，且由于人口生育的队列效应和流动惯性，未来局部地区人口塌陷将会愈演愈烈。网易数读的调查显示，2010—2016 年，我国 633 个城市中，有 246 个城市出现人口密度下降的现象。首都经贸大学副教授吴康的研究成果表明，2007—2016 年，我国有 84 座城市出现了“收缩”，这些城市都经历了连续 3 年或者 3 年以上的常住人口减少。东北地区是人口塌陷的代表性地区，以黑龙江省为例，2000 年以来黑龙江省人口出生率一直在 1% 以下，全民进入低生育水平阶段，2012 年为 0.73%，2013 年为 0.69%。按照队列效应，这将导致在 2020—2035 年的劳动年龄人口减少。同时，由于育龄人口减少，出生人口进一步减少，而且考虑到人口流动的推拉效应，黑龙江人口可能继续流出。有学者的预测结果显示，2030 年后黑龙江省将减少约 534 万人。

我国边境地区也存在人口塌陷的情况。部分边境地区生育率持续低迷，新生人口较少。实地调研发现，某些省份规定夫妻双方均为边境地区居民的允许生三个孩子，但实际生育三孩的很少。外迁导致边境地区存量人口继续减少，游珍等通过人口集疏格局对比分析研究发现，中国边境地区人口集聚程度很低，边境地区以人口绝对稀疏区和极端稀疏区为主要类型，东北边境人口减少的地区占东北整个边境地区的 70%。边境地区现有人口老龄化现象严重，通过统计局公开数据计算，2017 年末，延边州 60 岁以上人口为 45.28 万人，占全州总人口的 21.55%，高出吉林省（19.33%）2.22 个百分点，高出全国（17.3%）4.25 个百分点。边境地区人口塌陷和人口结构问题影响我国边境安全，必须加以重视。

三、流动人口的社会融合问题

李（E.S.Lee）提出人口流动的“新推拉理论”，认为流出地和流入地都既有拉力又有推力，此外还有第三个因素：中间障碍因素，社会融合状况便属于典型的中间障碍因素。据《中国流动人口发展报告 2018》显示，2015 年、2016 年、2017 年我国流动人口总量分别为 2.47 亿人、2.45 亿人、2.44 亿人。虽然人口流动规模下降受到人口结构变化等因素的影响，但是也不能忽视社会融合对人口流动的影响。根据国家卫健委流动人口动态监测 2014 年数据计算，有 75.13% 的流动人口每周工作 6 天或 7 天，每周工作时间高达 58.26 小时，远超常规的每周 40 小时劳动时间。保障体系也不容乐观，数据显示，仅有 30.44% 的流动人口办理了工伤保险，与同期人力资源和社会保障部公布的 80% 以上的事业单位工伤保险参保率形成了鲜明对比。在询问户籍人口对外来人员的意见时，64.65% 的同意本地人不喜欢外地人，54.66% 的同意本地人看不起外地人，反映了流入地对流动人口的社会排斥依然广泛存在，如此状况无疑会阻碍流动人口社会融合。《流动人口社会融合蓝皮书：中国城市流动人口社会融合评估报告 No.1》也指出，流动人口城市融合依然面临高房价、低水平就业和消费不足三大困境。同时，子女教育问题和社会保障问题也是进城落户人口焦虑的重要原因。

流动人口是未来进城落户的主力军。我国“十三五”规划提出，到 2020 年常住人口城镇化率达到 60%。照此进度推测，我国 2025

年常住人口城镇化率将稳步提升到65%，2030年达到70%，户籍人口城镇化率也将由2020年的45%快速提升至2030年的65%左右，这需要2亿人以上的人口进城落户。数以亿计的进城落户人口能否尽快融入城市生活中，可能是未来十多年影响城市稳定的重要因素。当前，我国进城落户进入因城施策阶段，部分城市面临的人口压力过大，采取疏解人口的政策，而更多的城市是采取各种措施积极吸引人才人口流入。需要看到的是，推动非户籍人口在城市落户仅仅是城镇化的第一步，如何确保进城落户人口与当地城镇居民享有同等权利，尽快实现社会融合，才是化解城市社会治理风险的关键。

四、性别比例失衡带来的婚姻挤压

随着2015年“全面二孩”政策实施后，我国近几年出生人口性别比开始回落到正常区间（出生人口性别比的正常范围是103—107），但是我国在20世纪80年代后的数十年间性别比例一直失衡，这形成了大量的处于婚配期的单身人口。根据国家统计局2015年的抽样调查数据测算，2015年全国15岁以上的未婚男性比未婚女性多4000万人，其中农村地区更为严重，数量高达3000多万人，农村单身男性多确实是客观存在的问题。于潇等人的研究也有类似的发现，他们以35岁未婚女性人口为基准测算的2010—2050年中国未婚人口婚配性别比处于2.1—3.1，远高于1的水平。时期分析和队列分析都发现，中国未婚男性婚姻挤压随着年龄的增长而快速上升；大龄未婚男性，尤其是农村地区的大龄未婚男性，婚姻挤压非常严重。

值得注意的是，2020—2035年，我国1996—2013年出生的人口（此阶段出生人口性别比大于120）大量进入婚姻市场，将会使婚姻挤压的状况更为加剧。根据国家统计局和民政部的最新数据，近5年来中国结婚率逐年下降，从2013年的9.9‰下降到2018年的7.2‰。可以预见，未来我国的结婚率还会进一步下降，单身男性数量也会继续增多，可能导致社会底层的“光棍阶层”形成并引发性暴力、犯罪等问题，影响社会稳定。

第三节　积极化解人口发展变化的风险问题

从国际发展规律来看，随着经济发展水平提高特别是居民生活水平上升到一定阶段后，人口出生率下降和老龄化是不可避免的普遍规律。应转变人口发展理念和战略思维，主动适应未来人口结构变化，主动预防、积极化解人口发展变化带来的潜在风险。

一、开发人才红利和老年红利

第一，要适应劳动力供给总量减少的趋势，发展人工智能、自动化技术和自动化制造业，降低产业发展对劳动力数量的依赖。

第二，积极推动各类高校创新人才培养模式，加强“订单式”人才培养；引入市场机制，制定和完善鼓励社会培训机构、社会组织参与人才培训的政策；积极引进支撑产业高质量发展的各类人才，实现人口数量红利向人才红利转变。

第三，推进终身学习体系建设，把培训资源向年龄偏大的劳动者群体倾斜；设置激励机制，鼓励老年人参与劳动；完善养老保障制度，挖掘老年人的消费需求，增强老年红利对经济增长的贡献力。

二、调整退休年龄与增加养老金收入

第一，我国退休年龄从60岁提高到65岁，涉及的劳动年龄人口扩大规模可达8000余万人，增加幅度为9.1%。应尽快明确延迟退休的日程表，引导舆论预期，增加劳动力供给，同时可以增加养老金收入，减少养老金支出。

第二，在降低社保费率、调整缴费基数的同时，规范社保缴费，提高合规率，增加养老基金收入。

第三，明确政府在养老保障中发挥的作用，建立各级财政补贴养老金或者国资划归养老金的动态调整机制。

三、应对局部地区人口塌陷

第一，面对局部地区人口塌陷的事实，人口塌陷城市应主动调整发展规划，一方面寻找人口再增长的策略，另一方面应由增长范式的规划转变为收缩范式的规划。

第二，提高对边境地区居民的国家补贴；提高边境地区的社会福利和保障水平，改善当地的生活条件，确保当地居民能够在本地安心居住；大力发展边境的内外交通，确保边境地区人财物通畅流动；确保边境地区保持一定规模的人口，保障我国领土安全。

四、促进流动人口社会融合

第一，促进流动人口城市融合的重点是赋权，应该以“公平”为基础思想，推动流动人口社会融合的制度设计，赋予流动人口平等地享有政治参与、就业、教育、基本公共服务等权利。

第二，以社区为基础，构建流动人口的社会支持网络，利用“互联网＋”的模式，线上线下互动，积极组织活动，加大流动人口社会融合宣传，引导增强进城落户人口参与社会治理的意识和能力，增强其主人公意识。

五、重构家庭政策

第一，家庭方面，以家庭为中心建立一套系统的人口政策体系，建立完善包括生育支持、幼儿养育、青少年发展、老人赡养、病残照料、善后服务等在内的家庭政策，提高家庭福利水平，增强家庭发展能力。

第二，进一步实施性别平等政策，营造男女平等的社会环境，强化“生男生女都一样”的生育观念，严禁非法鉴定胎儿性别，使出生人口性别结构更加均衡。

第三，全社会都应重视大龄未婚男性结婚难的问题，特别是关注农村未婚男性结婚难的问题。应高度重视农村终身未婚男性的养老保障问题，并从现在开始将这部分群体逐渐纳入各级农村社会保障体系，为其年老阶段做好准备。

（执笔人：赵玉峰）

主要参考文献：

[1] 贺丹 . 中国人口展望（2018）：从数量压力到结构挑战 . 人口与计划生育，2018（6）.

[2] 马妍 . 北京出生人口规模变动中的生肖偏好和避讳研究 . 青年研究，2017（6）.

[3] 王广州、王军 . 中国人口发展的新形势与新变化研究 . 社会发展研究，2019（1）.

[4] 梁中华 . 未来 30 年中国人口五大趋势，http://finance.sina.com.cn/stock/stockzmt/2019-04-20/doc-ihvhiewr7251423.shtml，2019-04-20.

[5] 中国社科院世界社保研究中心 . 中国养老金精算报 2019—2050. 北京：中国劳动社会保障出版社，2019.

[6] 中国指数研究院 . 房地产开发投资吸引力 TOP20. 决策，2017（7）.

[7] 任泽平，等 . 中国人口大迁移：未来 2 亿新增城镇人口将去向这些城市群，http://finance.sina.com.cn/roll/2018-07-14/doc-ihfhfwmv5881295.shtml，2018.7.14.

[8] 网易数读 . 我们分析了 633 个中国城市，发现四成在流失人口，http://news.163.com/18/1231/02/E4AP6FBA000181IU.html,2018.12.31.

[9] 吴康、孙东琪 . 城市收缩的研究进展与展望 . 经济地理，2017（37）.

[10] 杨毅 . 黑龙江省人口长期预测 . 长江丛刊，2016（23）.

[11] 游珍、封志明、雷涯邻、杨艳昭、李方舟 . 中国边境地区人口分布的地域特征与国别差异 . 人口研究，2015（5）.

[12] Lee E S., A Theory of Migration. Demography, 1966.

[13] 国家卫健委流动人口服务管理中心 . 中国流动人口发展报告 2018. 北

京：中国人口出版社，2019.

［14］赵玉峰．多措并举推动流动人口社会融合．中国社会科学报，2018.3.2.

［15］国家卫健委流动人口服务管理中心．流动人口社会融合蓝皮书：中国城市流动人口社会融合评估报告 No.1. 北京：社科文献出版社，2019.

［16］于潇、祝颖润、梅丽．中国男性婚姻挤压趋势研究．中国人口科学，2018（2）.

［17］蔡昉．开发老龄人口红利大有可为．经济日报，2018.10.18.

第七章

现代化建设过程中的城乡失衡风险

党的十九大报告提出，中国特色社会主义进入新时代，我国社会主要矛盾已经转化为人民日益增长的美好生活需要和不平衡不充分的发展之间的矛盾。随着社会主要矛盾的变化，我国城乡关系发生了历史性变革，城乡关系失衡和农村发展不充分成为我国社会主要矛盾的突出表现之一。城乡发展不平衡是中国经济社会发展存在的突出矛盾，是社会主义现代化建设必须解决的重大问题。在城镇化水平和质量不断提升的现代化进程中，如何避免乡村衰落并振兴乡村，是塑造良好城乡关系的重大问题。

第一节　城乡二元结构没有得到根本性扭转

一、重塑城乡关系的改革进展

随着户籍制度改革不断推进，一大批制度得到落实，极大地促进了城乡融合。《关于培育发展现代化都市圈的指导意见》指出，放开放宽除个别超大城市外的城市落户限制，在具备条件的都市圈率先实现户籍准入年限同城化累积互认，加快消除城乡区域间户籍壁垒，统筹推进本地人口和外来人口市民化，促进人口有序流动、合理分布和社会融合。

中国基本医保体系建设让亿万城乡居民更加公平地享有基本医疗保障权益，成就显著。2016年国务院印发《关于整合城乡居民基本医疗保险制度的意见》，2019年全国范围内统一的城乡居民医保制度全面启动实施，逐步建立起完善的全民参保制度、动态调整筹资机制、医保治理体系。统筹地区将全面整合制度方案，进一步发挥医保在深化医改中的基础作用等，让人人享有基本医疗保障的目标真正实现。

如何重新设计城乡土地制度，进一步释放政策与资源红利，已被正式提上议程。中共中央、国务院通过发布《关于建立健全城乡融合发展体制机制和政策体系的意见》，提出改革完善农村承包地制度，稳慎改革农村宅基地制度，建立集体经营性建设用地入市制度，完善土地征收制度，缩小征地范围，规范征地程序。要求着力破解体制和机制障碍，以此促进城乡要素的顺畅流动和公共资源的合理配置，最终实现城乡融合发展的重大战略目标。

二、重视扭转二元结构下的城乡关系

我国虽然一直致力于消除二元结构，但一些领域二元结构仍然存在，一些领域二元差异不断拉大，这是未来现代化建设亟须正视的问题。在一些地区，城市依然单向从农村汲取优质资源。不仅资金资本单向流入城市，其他各种资本资源也不同程度地单向流向城市。因土地被征，部分农民失地又失业，城市“要地不要人”，使这部分人失去保障。许多农村的优秀人才只要一有机会，都想方设法进城了。农村成长起来的老师，千方百计“考”进城去，导致有的偏远农村师资不足，有的甚至只得再次聘请临时代课老师。

集体土地权益难以体现。在城乡二元结构下，集体土地权益主体模糊、权能不完善，只能通过征为国有用地才能实现资产价值。但是，由于缺乏长期可持续的收益保障机制，征地成本越来越高：村民期望值越来越高，利益诉求越来越多，征地拆迁中争议也日益多发，涉及征地纠纷的行政复议、行政诉讼数量显著增加，已有的征地补偿模式越来越难以持续。体制机制问题制约村级工业用地改造。村级工业用地权属利益关系复杂，涉及公有资产、集体资产、企业、个人物业等，土地所有权、经营权、使用权相互独立，普遍面临土地交错、与“两规”不符等问题，相关利益主体之间很难形成改造共识，外部资本因为土地前期整理周期长、成本高、矛盾多等不愿参与改造（杨继瑞，2018）。

城乡教育、医疗等公共服务的质量差距不断拉大。随着城乡协调发展深入推进，近年来，我国城市和农村在基础设施、居民收入、居民身份等方面的差距显著缩小。但与此同时，城乡居民在公共服务、家庭财产、隐性权利等方面仍存在较大差距，尤其是农民生活水平提高后，对医疗、教育、文化等方面更高层次的需求得不到有效满足（韩增林等，2015）。若不尽快构建更加平衡的发展环境，城乡差距潜存“代际传递”的风险。

城乡收入、消费差距没有得到根本扭转。农村居民收入增速继续高于城镇居民，然而，受农村产权制度不健全等多种因素影响，我国城乡居民财产差距近年来有扩大趋势，农民财产性收入无论是绝对数量还是增长速度都远低于城镇居民（江克忠、刘生龙，

2017）。由于财产在个人收入及资产中的占比越来越高，未来或将形成新的贫富不平衡。城乡居民财产及财产性收入差距的扩大，还将进一步导致总体收入差距拉大，从而大大增加今后对收入差距的调节难度。

第二节　塑造与现代化水平相匹配的城乡关系

与现代化水平相匹配的城乡关系应该具备以下特征：城乡居民基本权益平等化、城乡公共服务均等化、城乡居民收入均衡化、城乡要素配置合理化、城乡产业发展融合。

一、生产要素双向自由流动

在资本方面，要促进产业资本顺利下乡，补齐农村产业发展的资金、管理、产业链短板，为农村人口创造高质量的就业岗位。在土地方面，促进永久落户城镇者有偿永久退出农村宅基地和耕地产权，进而有效降低农村规模化经营的制度成本；促进集体经营性建设用地的权益更加清晰，确保在资本市场获得与国有土地相似的抵押价值。在技术方面，要将城市的技术创新有效地和农业生产结合起来，城乡联合建设农业科技园区等平台，为农村吸引优质科创资源。

二、公共服务质量差距不断缩小

在教育方面，要尽快改善农村0—3岁幼儿托育服务，快速提高农村公立幼儿园的数量和质量，及时遏制农村生源高考重点大学录取率下降的趋势。在医疗卫生方面，不断提升农村医疗机构应对常见病的能力，同步降低城市居民和农村居民医疗支出的自付比例。在就业公共服务方面，不断协调城乡就业培训、劳动力市场的发育水平。

三、收入和消费水平逐渐接近

在收入方面，允许农村承包地、宅基地、集体经营性建设用地的法人财产权抵押、担保、转让，尽快落实农民的土地财产权，确保农村人口从土地、农业产业获得的资产性收入提高。在消费方面，要将农村电商带动县镇市场、农村市场作为重要的消费增长点，促进城市与农村在智能消费、健康消费、颜值消费、服务消费等领域的同步消费升级。

第三节　未来五年城乡关系失衡的主要风险

城乡发展差距加大，农村发展严重滞后阻碍现代化进程的风险，实际上是要素过度向城市集中，更加严格的耕地保护和环保政策等因素，导致城乡发展不协同，一些落后地区农村发展缺乏内外动力机制的推动。

一、要素权属和收益调整引发的群体间矛盾

城乡产业发展和基础设施建设征地，导致了城乡居民短期收益

和长期发展权的失衡风险。在产业转型升级和城市发展战略调整期间，城乡接合部既有的低效工业用地的使用状况面临较大幅度调整，村集体、政府、企业之间矛盾不断升级。更加严格的耕地保护和环保政策，给后发的农村带来更高的发展成本和制度约束。城市资本与农村土地、劳动力、产业的结合，既存在制度障碍，也存在文化分歧，资本下乡过程中的利益分配问题会逐渐凸显。从城市返乡的精英群体与长期驻守农村的劳动力，在产业收益分配方面的冲突可能加剧。

随着户籍城镇化率的进一步提高，土地产权尤其是宅基地产权问题引发的社会风险需要引起高度重视。防范农村社会风险的关键仍是维护农民的合法权益（李海霞，2010）。近几年，随着越来越多的农户在城市落户，其在农村的土地承包经营权、宅基地使用权和集体收益分配权“三权”退出越来越成为与其利益紧密相连的民生问题。土地承包经营权和宅基地使用权是法律赋予农户的用益物权，集体收益分配权是农民作为集体经济组织成员应当享有的合法财产权利（张龙耀等，2015）。维护进城落户农民土地承包经营权、宅基地使用权、集体收益分配权，支持引导其依法、自愿、有偿转让上述权益成为当前农村需要积极探索的改革问题（胡银根等，2018；喻文莉、陈利根，2009）。“三权”是农民在农村最重要的财产权，也是他们最重要的财富来源（任常青等，2016）。“三权”的合理保障事关农民的财产收入和基本权益。

城乡之间、村集体之间、村集体内部的土地收益分配问题是需要引起重视的风险点。建设用地市场化引发了增值收益在城乡间分配出现偏向城市而忽略农村的问题，传统的征地方式导致大部分的土地增值收益被城市享有。在这种条件下，即使允许土地要素从农村向城市自由流动（主要是以指标或发展权的形式），或者允许其他生产要素“下乡”，其背后的增值收益依然会存在偏好城市、偏好资本的现象，这种现象是要素投入的惯性和其他要素既成格局的影响导致的（李尚蒲、罗必良，2016）。土地要素依然会因投入城市或与城市资本相结合才能获得更高的边际收益，从而造成重城轻农问题的持续存在。此外，由于土地区位或村集体自然资源禀赋差异的影响，即使在相同的行政区域内，各村集体土地“入市”机会及市场交易价格也存在差异，不同村集体之间的收益分配关乎辖区内农村整体的稳定（严金明等，2016）。村集体内部分配直接关系到每个农户的切身利益，但怎么分配却没有正式的政策文件对此做出统一、明确的规定。一般多由村委会提出分配草案，呈乡（镇）政府、街道办事处审核报备后，经村民会议或村民代表会议讨论通过后施行（高欣、张安录，2018），在缺乏有效管理监督和适当引导的情况下，这可能会导致村民异议、村级层面腐败的出现，增加事后冲突成本（陈美球等，2018）。

二、城乡之间、阶层之间流动固化的风险

当前，在一些地区，城乡之间民生保障水平的差距依然较大，农村留守人员、脱贫群众、就业困难群众向更高阶层的流动受阻，将给城乡社会治理带来巨大挑战。优质教育资源基本沿着乡镇、县区、地市、省会、中心城市的方向不断极化，农村学生的上升通道

收缩，除了带来严重的阶层隔离外，将进一步加剧农村空心化的风险。基层基本医疗水平提升缓慢，异地报销手续流程增多等制度问题，影响城乡居民在医疗方面的获得感，城乡医患矛盾可能不断升级。在上述大背景下，农村弱势群体的上升渠道可能会进一步压缩，诱发社会稳定风险。

虽然我国常住人口城镇化率的增速已经放缓，但留守人员的社会问题依然严峻。2017 年，我国农村有超过 1.5 亿的“三留守”人员（刘筱红、成程，2017），占同期农村人口的 1/4。虽然留守儿童数量逐年下降，但其规模依然超过 1500 万人（见图 7.1）。留守儿童是一个缺失家庭关爱的群体，因为父母长期不在身边，缺乏父母的陪伴、关爱和教育，留守儿童的心智成长面临危机。父母缺位，让留守儿童长期缺乏父爱、母爱，长此以往，其性格可能会变得孤僻、极端骄傲或者极度自卑，影响留守儿童的身心健康。留守老人是一个被忽略的群体，与留守儿童相比，社会和媒体的目光很少聚焦在留守老人身上，农村养老保险制度和新型农村合作医疗制度等对于生活无法自理、病情严重的老人来说是杯水车薪。留守老人的养老和日常照料需要依靠家庭来承担，但是外出打工的子女大多居无定所，由于经济能力有限，使得他们在赡养老人时表现出力不从心（马文慧，2016）。留守妇女正处于她们人生的黄金阶段，而她们要留守在家从事农业生产、抚养子女和照顾老人，劳动强度大、精神负担重、安全感缺乏、精神生活贫乏、婚姻危机、子女教育乏力等是留守妇女目前面临的主要问题（王潇谊、赵玉佩，2017）。

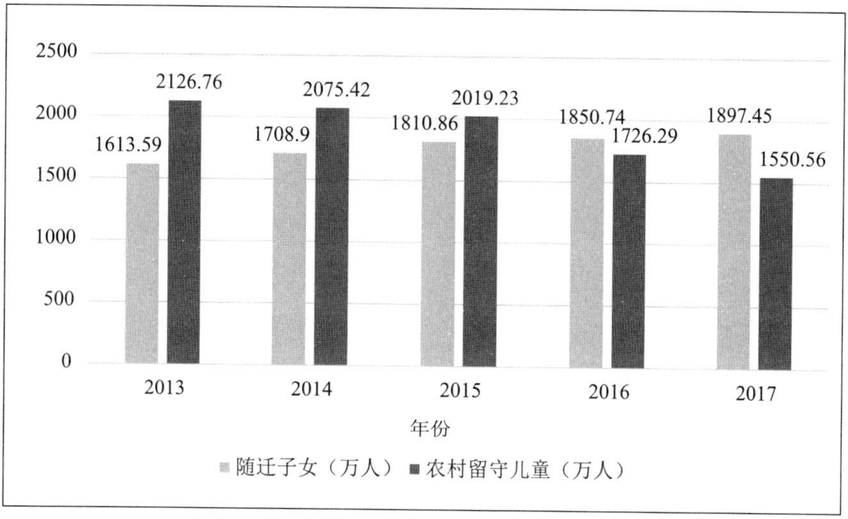

图 7.1　全国义务教育阶段随迁子女和农村留守儿童数据

资料来源：教育部网站。

易地搬迁人员能否适应迁入地正常的发展轨道，乃至适应城镇化的大潮，是未来五年需要重点关注的城乡问题。易地搬迁是解决“一方水土养不起一方人”的根本措施，但搬迁农户在迁入地的户口迁移、上学就医、社会保障、心理疏导等接续问题较多，仍需要较长时间才能解决。首先，村民参与的主体作用发挥不足。政府主导是易地搬迁的最主要推动力，在社区重建工作中，村民作为行动主体存在一定的参与缺失问题，影响了社区的重建与发展。一些村民参与产业扶贫的积极性较差，也不利于社区经济功能的恢复与发展（白永秀、宁启，2018）。其次，社区公共服务供给不足。农民上楼与资本下乡改变了村庄的治理结构，也在无形中形塑了社区的权力与关系（曾小溪、汪三贵，2019）。但是，一些地区由于安置社区群众在从“村民”向“居民”的转变过程中缺乏对自身的认识与定位，导致安置社区内乱搭乱建、花园种菜、随意晾晒衣物等不“良”行为屡见不鲜，社区服务和公共产品供给欠缺，社区自组织建设滞后。最后，社区共同体意识破碎。农村社会的信任基础是由熟人社会的血缘关系和地缘关系维系的，但在政府整体迁移的安置政策主导下形成的易地搬迁社区，人们的身份、谋生手段、居住条件、生活方式乃至价值观层面都发生了很大的变化，居民原有的价值体系渐趋瓦解，而与现代社会相适应的以契约和公平为基础的普遍信任尚未建立。与原先的共同体相比较，易地搬迁社区呈现出的是一个“碎裂的社会”（侯顺斌、金昱彤，2018）。

农村弱势群体在农村内部、城乡之间的阶层流动受阻，会对未来经济社会发展带来重大风险，如果发展差距进一步扩大，则可能产生更大的风险。流动能力弱不仅让弱势群体对自身前途产生绝望感，积累越来越多的负面情绪，而且可能导致不公平感与被剥夺感的产生，最终造成反社会情绪的产生。如果农村弱势群体的发展空间没有得到进一步改善，如果他们依然难以获得自身需要的政治、经济、教育、社会保障等资源，将会进一步加剧社会的不公平，不利于构建稳定和谐的经济社会发展环境。

三、农村收入增长放缓拖累消费的风险

人口外流导致农村消费市场萎缩，影响农村产业发展和城市资本下乡。城市资本无法快速下乡，农村的土地、产业难以获得资产性收入，农村居民收入增长有陷入停滞的风险。城镇服务消费水平

和质量都远好于农村，农村的大量消费需求未能充分释放；农村市场商品品类不齐全、选择余地小、服务不到位，仍然制约着农民消费需求的释放。

尽管农村人口在全国人口中的占比不断下降，但农村人口就业的稳定性仍让人担忧（张丽琼等，2017）。以农民工[①]为例，其就业主要呈现以下特征：第一，农民工数量先增后减，农民工的非农就业地点正在由城市逐步转向农村。第二，50 岁以上农民工占比不断提高。受农村人口结构变化、各年龄段特别是 50 岁以上农村劳动力非农劳动参与程度提高、农民工就地就近转移增加的影响，农民工平均年龄不断提高，50 岁以上农民工所占比重提高较快。从农民工的就业地看，本地农民工平均年龄约 44.8 岁，外出农民工平均年龄约 34.3 岁。第三，从事制造业和建筑业的农民工比重持续下降。第四，外出务工农民工月均收入高于本地农民工。

与此同时，农村居民收入稳定性差也可能构成我国经济社会发展风险。与城镇居民不同，农村居民可支配收入占比最高的是经营性收入，而不是工资性收入。与工资性收入相比，农村居民的经营性收入主要来自第一产业，其稳定性较差 (陈奕山、钟甫宁 , 2017；王小华等 , 2016)。农村居民财产性收入占比约 2%，远低于城镇居民约 10% 的水平（见图 7.2）。这表明，农村集体产权制度改革和农村要素市场发展仍任重道远。由此可见，农村居民过多依赖农业生产经营获取收入具有单一性，抗风险能力较差。

---

① 农民工是指户籍仍在农村，在本地从事非农产业或外出从业 6 个月及以上的劳动者。

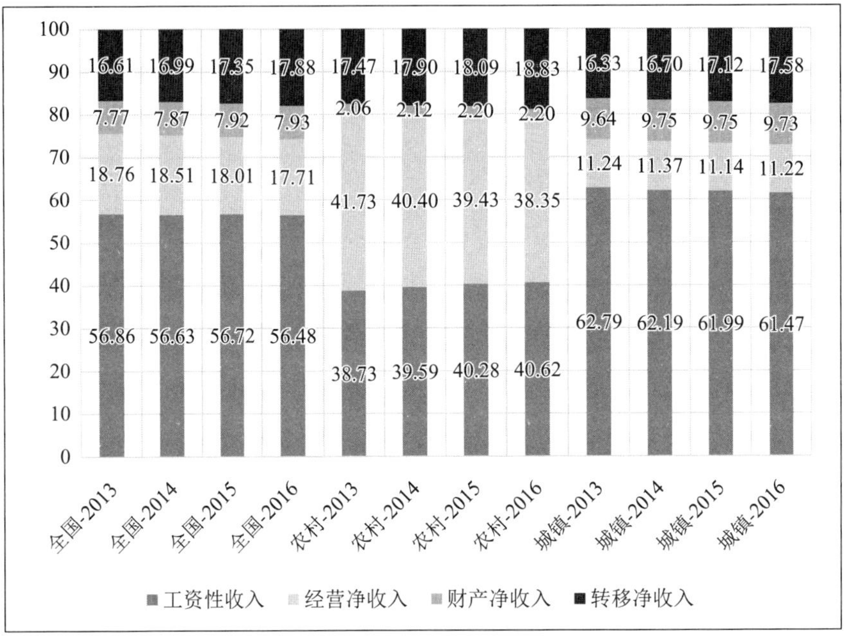

图 7.2　2013—2016 年中国居民人均可支配收入构成（%）

资料来源：国家统计局。

综上所述，未来五年，越来越多的农民工将在本地——农民工户籍所在的乡镇区域实现就业，而这个区域的经济发展水平及其劳动力吸纳能力不可能立即超过城市相应水平。随着经济进入新常态，第三产业相比制造业、建筑业等第二产业来说，其创造就业岗位的稳定性较差。本地农民工收入水平低于外出农民工收入水平，而且农民工呈老龄化趋势。因此，必须对农村就业和收入放缓的风险引起足够的重视。

第四节　化解城乡关系失衡风险的主要思路

一、增强城乡融合发展能力

建立城乡融合发展体制机制。正视城乡关系失衡对现代化建设的全局性影响。统筹考虑城乡经济社会发展，让要素在更大的空间优化配置。打通城乡要素自由流动制度通道，消除城市落户限制，建成城乡统一建设用地市场，提升金融服务乡村振兴的能力，形成农村产权保护交易制度框架，提高基本公共服务均等化水平。破除妨碍城乡要素自由流动和平等交换的体制机制壁垒，促进各类要素更多向农村流动，在农村形成人才、土地、创业资源汇聚的良性循环。

推动人力资源在城乡之间顺畅流动。构建城乡统一的多元化市场体系，建立健全相关体制机制，构建公平有序的市场体系。通过合理规划建设城乡交通网络，疏通城乡商品流通体系、人力资源流通体系和资本流通体系。加强农村网络、通信基础设施投资建设，推进城乡信息服务能力不断深化。建立完善的城乡信息沟通平台，促进城乡经济信息互通。实现城乡物品的交流融通是推进城乡经济一体化的重要内容。构建城乡统一的劳动力市场，取消户籍制度对农民工市民化的限制，引导农村劳动力向城镇合理流动，促进城乡劳动力在劳动力市场上平等就业。

构建城乡统一的建设用地市场，缩小征地范围，提高补偿标准，推动农村集体经营性建设用地与国有土地同等入市、同权同价，完善农民住房的财产权抵押、担保、转让等用益物权。在农村宅基地利用和管理方面，不再进行单宗分散的宅基地分配，政府或村集体通过集中建设农村住宅小区，将法定面积宅基地等值转换为住宅，落实“一户一宅”，同时允许农民住房进行担保抵押。经营性用地由村集体与开发商直接谈判，进行市场化交易；公益性用地由农民与政府有关部门直接谈判，以市场价格为基础进行补偿。政府角色从土地经营者转变为管理者，不再参与土地收益的直接分配，而主要通过对用地者征税的方式（含各类公益基金、契税、营业税或增值税等）和对供地者收取调节金的方式来代表全社会分别与用地者和供地者共享土地增值收益。

提升农村的创业服务能力，吸引创业资源由城市进入农村。加快建设基层就业和社会保障服务设施，依托基层就业和社会保障服务平台，整合各职能部门的创业服务职能，建立融资、融智、融商的一体化创业服务中心，为外出务工人员返乡下乡创业开辟绿色通道，提供注册登记、政策咨询、创业指导、社保关系接续和优惠政策享受等服务。搭建市场信息、科技服务、产品流通、品牌建设等平台，加大政策引导，开展企业诊断、管理咨询、创业培训等服务，为创业提供良好服务。

二、培育农村化解风险能力

实现农村的自主发展，使农业发展不再服从工业发展的需要，农村发展不再服从城市发展的需要，农民发展不再服从市民发展的需要。农村从被动地接受城市与工业的反哺和扶持、被动地接受城市与工业发展的带动和辐射，转变成为与城市并行的发展主体，在保持城乡各自独立性和差异化的前提下，更加注重发挥农村主动性，充分激发农村活力。目前，农民所掌握的财产权的权能是基于成员权基础上的，因此需要对成员权进行明确，同时将产权和成员身份相结合，适当的时候探索建立成员的进退机制，即成员资格的获取与产权的购买、成员资格的退出与产权的补偿相结合。除了加强农民自身发展能力外，也要提高各级政府服务留守人员的能力。

探索农村宅基地有偿退出机制，增加农民财产性收入。一是完善农村宅基地确权登记。对农村宅基地及地上建筑物使用权进行登记，明确产权主体，为农民宅基地和住房抵押、转让创造条件。二是探索农村宅基地有偿流转。对农民闲置宅基地和空闲住房，统一进入农村产权交易所或土地交易中心进行流转，转让范围适度扩大至乡镇范围。三是探索宅基地有偿退出机制。利用城乡建设用地增减挂钩、国土综合整治等平台对宅基地统一进行复垦整理，引导农村宅基地有序退出。对农民自愿退出宅基地或自行将宅基地复垦成耕地的，地方政府可从耕地开垦费、新增建设用地有偿使用费等收益中给予资金补助。

增强农村产业内生发展能力，创造高质量的农村就业岗位。发展现代种养业、农产品加工流通业、农村休闲旅游业、乡土特色产业、农村新型服务业、农村信息产业，围绕农村第一、第二、第三产业融合发展，与脱贫致富有效衔接、与城镇化联动推进，充分挖掘农村多种功能和价值，聚焦重点产业，聚集资源要素，强化创新引领，突出集群成链，延长产业链、提升价值链，培育发展新动能，加快构建现代农业产业体系、生产体系和经营体系，推动形成城乡融合发展格局，为农村创造就业岗位，为农民增收奠定产业基础。

“三留守”工作应从最迫切和亟待解决的实际困难和问题入手，形成政府、社会、家庭多方联动的合力，多措并举构建关爱体系。第一，全面做好“三留守”人员的基础管理工作，组织开展农村“三留守”人员摸底工作，建立“三留守”人员村情档案和户情档案，建立信息管理数据库，实行动态管理，提升服务管理效能。第二，搭建载体平台，注重整合现有政策、资源，设计适合本地实际、切实可行的关爱服务项目，有条件的地方定时开通视频电话，让留守儿童与在外家长进行情感交流，建立留守儿童之家。成立社区互助组织，解决留守妇女的农业生产生活问题。开展心理咨询，解决留守妇女与留守老人的情感困惑。第三，完善制度机制，结合推进基层四项基础制度建设，探索健全关爱服务的制度机制，形成党政主导、群团协同、社会各界共同参与的关爱农村“三留守”人员工作格局，注重发挥部门优势，运用市场资源，调动社会力量，推动形成全社会关爱农村“三留守”人员的良好氛围。第四，加快建立以维护儿童、妇女、老年人合法权益为主的各类社会服务组织，给农村留守人员提供生活帮助、精神慰藉、医疗康复、紧急救援、法律援助等专业化服务。第五，建立健全养老、教育、医疗等农村公共服务，让“三留守”人员有依靠、有保障。

三、健全城乡风险评估机制

城乡风险评估就是要研究清楚城乡关系变化与经济社会发展之间的双向关系，为国家根本性地解决城乡问题提供最系统的决策参考。首先，前瞻性评估是评估核心。前瞻性评估可以提前预警城乡关系变化可能带来的经济社会发展风险，研判城乡关系对经济社会发展预期成效的影响。前瞻性评估由于执行时间非常短，而城乡关系风险属于慢变量，因此该阶段的评估应当追求简便高效性，文献分析、专家座谈和利益方问卷访谈等方法是主要方法。其次，评估城乡风险也要尝试尽可能在经济社会发展中期开展量化评估，定量评估结果能够有效评价政策是否偏离预行轨道，并为后半段政策的调整提供决策参考。在中期评估阶段，经济社会和生态等领域的高频次数据能够用来构建评价城乡关系的指标体系，而大数据技术也能提供相应的结构性城乡关系数据。最后，城乡风险评估应该贯穿于执行经济社会发展规划的全流程，甚至要长于决策执行期，因此终期评估能够全方位反映城乡关系与经济社会发展的互动关系，并为后续决策的出台提供参考。

（执笔人：魏国学）

主要参考文献：

[1] 白永秀、宁启 . 易地扶贫搬迁机制体系研究 . 西北大学学报（哲学社会

科学版)，2018(4).

[2] 曾小溪、汪三贵.打赢易地扶贫搬迁脱贫攻坚战的若干思考.西北师范大学学报(社会科学版)，2019(1).

[3] 陈美球、廖彩荣、冯广京、王庆日、蒋仁开、张冰松、翁贞林.农村集体经济组织成员权的实现研究.中国土地科学，2018(1).

[4] 陈奕山、钟甫宁.代际差异、长期非农收入与耕地转出稳定性.南京农业大学学报(社会科学版)，2017(3).

[5] 高欣、张安录.农村集体建设用地入市对农户收入的影响.中国土地科学，2018(4).

[6] 韩增林、李彬、张坤领.中国城乡基本公共服务均等化及其空间格局分析.地理研究，2015(11).

[7] 侯顺斌、金昱彤.易地搬迁社区重建：问题与重建进路.兰州文理学院学报(社会科学版)，2018(4).

[8] 胡银根、吴欣、王聪、余依云、董文静、徐小峰.农户宅基地有偿退出与有偿使用决策行为影响因素研究.中国土地科学，2018(11).

[9] 江克忠、刘生龙.收入结构、收入不平等与农村家庭贫困.中国农村经济，2017(8).

[10] 李海霞.从权利的视角看农村民生.农村经济，2010(9).

[11] 李尚蒲、罗必良.中国城乡土地市场化：估算与比较.南方经济，2016(4).

[12] 刘筱红、成程.从经济自由到实质自由：关爱农村“三留守”群体的政策问题研究.内蒙古社会科学，2017(5).

[13] 马文慧.多维度应对青海农村老龄化问题：基于青海大通回族土族自

治县的剖析 . 青海社会科学，2016（5）.

[14] 任常青、郜亮亮、刘同山 . 中国城镇化进程中农民“三权”转让问题研究 . 价格理论与实践，2016（5）.

[15] 王潇谊、赵玉佩 . 解决农村“三留守”问题的关键探析 . 农村经济与科技，2017（6）.

[16] 王小华、温涛、朱炯 . 习惯形成、收入结构失衡与农村居民消费行为演化研究 . 经济学动态，2016（10）.

[17] 严金明、夏方舟、马梅 . 中国土地整治转型发展战略导向研究 . 中国土地科学，2016（2）.

[18] 杨继瑞 .“三权分置”: 我国农村集体土地产权制度创新的探析 . 经济学家，2018（11）.

[19] 喻文莉、陈利根 . 农村宅基地使用权制度嬗变的历史考察 . 中国土地科学，2009（8）.

[20] 张丽琼、朱宇、林李月 . 家庭化流动对流动人口就业率和就业稳定性的影响及其性别差异：基于 2013 年全国流动人口动态监测数据的分析 . 南方人口，2017（2）.

[21] 张龙耀、王梦珺、刘俊杰 . 农民土地承包经营权抵押融资改革分析 . 农业经济问题，2015（2）.

第八章

我国劳动就业风险的影响因素及表现

就业是民生之本。2018 年下半年，党中央提出“六稳”工作，首要就是要稳就业。2019 年，我国首次将就业优先政策置于宏观政策层面，强调稳增长首先要保就业。当前和今后一个时期，我国就业总量压力不减、结构性矛盾凸显，新的影响因素还在增加，必须把就业摆在更加突出的位置。

经济周期直接传导和影响就业，就业成为宏观政策又将影响宏观经济。就业既是民生问题、稳定问题，又是经济问题、发展问题，所以一直是政府和社会高度关注的领域。对于一个领域，尤其需要警惕和预防潜在的风险，如总量压力、结构性矛盾以及新的影响因素等交叉作用和影响下可能爆发的系统性风险。

第一节　我国“十四五”时期劳动就业发展状况

一、“十三五”时期我国就业供需态势

“十三五”时期我国国内生产总值稳步增长。2018 年，我国国内生产总值增长 6.6%，总量突破 90 万亿元，经济运行保持在合理区间。随着经济总量的扩大，就业容量也持续扩大。据人社部统计，“十三五”时期，我国 GDP 每增加一个百分点，对城镇新增就业带

动 190 万人左右，比“十二五”时期增加了 30 万人。

从“十三五”时期我国劳动力市场供求关系看，劳动力供不应求现象在不同区域、行业均不同程度存在。从区域看，东、中、西部劳动力市场求人倍率分别为 1.27、1.22、1.39。从行业看，制造业用人需求稳中有升，租赁和商务服务业、批发和零售业、房地产业、科学研究技术服务和地质勘查业、居民服务和其他服务业等行业用人需求保持增长。同时，市场对具有技术等级和专业技术职称劳动者的用人需求均大于供给。

二、“十四五”时期我国就业发展态势

“十四五”时期，我国处于发展的重要战略机遇期，但也面临着严峻复杂的形势。在经济基本面长期向好趋势不变的情况下，外部环境有着诸多不确定性。除了反全球化逆流、中美贸易摩擦、全球经济减速等现实的风险之外，还存在着一系列未可预见的风险。总体来看，未来一个时期我国就业态势存在以下几个特点：

1. 就业结构性矛盾仍将长期存在

“十四五”时期，在就业形势总体保持稳定的同时，我国就业难、招工难并存的结构性矛盾更加突出，需要重点加以解决。一是部分高校毕业生、一些大龄低技能劳动者因与市场需求不匹配，造成供求错位，成为就业难的主要群体。二是企业急需的技术人才短缺现象严重，无论是沿海地区还是中西部地区，部分企业都发生了技工、熟练工和新型人才短缺的现象。据人社部数据显示，我国近年来技能劳动者求人倍率一直在 1.5 以上，高级技工求人倍率甚至

在 2.0 以上。三是化解过剩产能、僵尸企业出清、“机器换人”等结构调整对中低端产业的就业人员产生挤出效应，使部分岗位人员失业风险和就业压力增大。四是行业、地区间分化趋势凸显。近年来，部分领域、行业、地区就业压力更趋突出。五是人工智能会对一些行业及人群产生就业挤出效应，主要表现在中等技能就业岗位可能会不断消失，但高技能就业岗位如图像识别工程师、数据分析师等，以及低技能就业岗位如老年护理等的需求可能增加。

出现就业结构性矛盾的原因有多种：一是区域发展与产业结构调整导致地区人才匹配失衡。三、四线城市就业需要大，但就业效果差，民企需求大但找不到工人，这是由于劳动力更愿意流向有活力的地区，人口流出地的低端服务业缺少劳动力。二是劳动者就业观念问题。文化程度高的劳动者优先选择行政事业单位就业，追求稳定体面的生活。劳动者更愿意到本地规模较大的国有、民营企业就业，去小企业就业的意愿不强，就业期望值过高。文化程度较低的农村劳动力、生态移民和矿区移民有征地补偿款等政府补贴，就业积极性不高。三是一些企业用工存在不规范。如一些小微企业用工不规范，如不签劳动合同、缺乏培训等，导致招工不足、发展无力继而更加规避成本的恶性循环。

2. 服务业成为吸纳就业的主要产业

近年来，我国第三产业发展速度持续高于第二产业，新产业、新业态、新技术、新模式竞相迸发，战略性新兴产业、高技术产业和生产性服务业均保持良好发展势头，产业结构优化格局加快形成。同时，分享经济、电子商务等“互联网 +”服务业蓬勃发展，消费升级带动“幸福产业”快速崛起，服务业成为吸纳就业的主要渠道，而农业和工业的就业人数占总就业人数的比重不断下降。

3. 新的就业形态不断涌现

“十四五”时期，新一轮科技革命和产业变革正在孕育发展，或将在人工智能、物联网等领域取得突破发展，这将对我国经济社会发展带来深远影响，尤其是对就业方式带来深远影响。同时，随着互联网、计算机技术等的发展和广泛应用，共享经济、电子商务等“互联网 +”服务业蓬勃发展，颠覆了原有的以单位和个人建立劳动关系的就业模式，出现更灵活的就业方式、就业形态，呈现去雇主化、平台化就业趋势。如何进行新就业形态劳动者权益保障，避免劳动者各种形式的利益受损，比如过度劳动、社会保障缺失、工伤保险缺失等，需要在未来给予更大的关注。

第二节 “十四五”时期的劳动就业风险及影响

一、劳动就业领域的主要风险点

“十四五”时期，我国经济社会运行将面临国内外多重不确定性的影响。国际格局变化、中美贸易摩擦等带来了外部环境的不确定性，传导到国内，增加了经济下行的压力。我国经济在转向创新驱动的高质量发展过程中，技术和产业结构快速变化，技能与岗位不匹配的现象越来越突出，劳动者容易陷入结构性失业或遭遇结构性就业困难，“有人无岗”和“有岗无人”并存。如果来自内部或外部的因素，从供给侧或需求侧冲击中国经济，就有可能影响中国经济的发展趋势，并导致周期性失业现象。

1. 中美贸易摩擦影响下的周期性失业风险

李长安（2018）根据贸易就业系数估计了中美全面终止贸易的就业影响，认为全面的中美贸易摩擦将有可能影响中国2706万个就业岗位。祝宝良（2018）认为，从最坏情况看，中美贸易摩擦可能对中国的经济增长速度造成约2.5个百分点的影响，影响非农就业约1400万人。从2018年上半年开始，中美贸易摩擦开始影响中国实体经济和就业。长三角地区、珠三角地区等地外贸型企业及其上下游企业外移关停现象越来越突出，劳动就业受到直接影响。总体上看，中美贸易摩擦持续升级将对我国部分劳动密集型行业、贸易依存度高的城市和地区就业造成负面影响，导致就业岗位损失。

同时，就业岗位损失可能导致居民消费能力下降，由此对实体经济产生负面影响。受中美贸易摩擦带来的信心、预期和实际影响，如果出现外贸型企业大规模失业现象，将导致消费增速下滑，致使企业经营活力进一步下降，形成恶性循环。

2. 产业转型升级的就业挤出风险

近年来，我国传统劳动密集型企业持续转型升级，多地正在实施的“机器换人”战略对部分就业岗位带来挤出效应，尤其是中等技能岗位可能不断消失。据测算，钢铁、煤炭、水泥、造船业、炼铝和平板玻璃等领域产业结构调整累计会影响职工约300万人，并对上下游部分配套企业就业岗位形成挤出效应，导致部分就业岗位加速淘汰，原岗位从业人员面临的群体性失业风险加大。

3. 特殊群体的结构性就业风险

当前，我国青年群体规模大，但能力错配现象突出。高校毕业生面临竞争压力大、实际收入低、个人期望高、情绪波动大等就业风险，可能会对我国就业稳定性产生风险。同时，农民工就业也存在结构性矛盾。随着人口老龄化发展，农民工的平均年龄也逐步增大，大龄农民工数量日益增加。大龄农民工技能选择范围窄，新生代农民工寻职能力不强以及对待遇福利的要求过高等倾向明显，这些都可能对我国劳动力市场产生影响。

二、劳动就业风险的主要社会影响

1. 影响民生稳定继而影响社会稳定

就业是联结经济发展和人民生活的中间变量。如果经济发展对就业实现正向传导，则就业能够促进增收、促进消费进而促进经济稳步发展。如果经济下行，出现大规模失业现象，则直接影响增收、消费，进而进一步影响经济，并影响人民对未来的预期和信心，甚至引发社会稳定风险事件。中亚、北非以及欧洲都出现过由于失业严重、收入减少导致的群体性事件，需要我们引以为戒。

2. 影响产业创新和区域发展

行业、地区间就业结构性矛盾对区域和行业持续发展造成不利影响。据智联招聘统计显示，我国东北地区、西部地区和东部沿海地区都面临招工难问题，三、四线城市的民营中小企业也存在招工难的问题。从就业意愿来看，机关事业单位和大型国企仍然是高素质人才的就业首选。部分大龄低技能劳动者因与市场需求不匹配，造成供求错位。从区域来看，区域人才布局失衡导致区域落差加剧，未来除大城市群以外的其他区域均面临创新发展动力不足的风险。从行业和主体性质来看，民营企业面临的人才需求困境可能导致创新和活力下降，对市场的自主发育、生产力提升和扩大就业都会造成不良影响。

第三节　国外化解劳动就业风险的经验

一、克罗地亚：针对就业参与率低的就业保障计划

根据克罗地亚政府统计局的数据，2017 年克罗地亚失业率降至 11.1%，相对 2016 年的 13.4% 有较大下降，但劳动力利用率仍较低。失业率在克罗地亚不同地区分布也不均衡，东部和中部的失业率较高。2017 年第三季度，克罗地亚劳动就业率为 65.6%，在欧盟各成员国中居最末一位。克罗地亚男性就业率处于欧盟倒数第二，女性就业率比男性更低，分别为女性 56.6%、男性 66.2%。克罗地亚就业活跃度为 71.7%，也低于欧盟 78.2% 的平均值。2017 年，克罗地亚长期失业率（LTU）降至 3.9%，接近欧盟 3.3% 的水平。数据同时显示，2016 年克罗地亚全国未就业、未接受教育或培训的 NEET（not in employment, education and training）年轻人占年轻人的比重为 16.9%，青年失业率 2017 年达到 26.4%。2016 年，克罗地亚大龄

劳工的就业率仅有 38.1%，居于欧盟倒数第二；低技能工人的就业率仅为 37.9%，远低于欧盟的平均水平（53.6%）。

总体而言，劳动力利用率低仍是制约克罗地亚经济潜在增长的主要原因。导致劳动力供给减少的原因，包括人口老龄化和劳务向西欧的输出等。与此同时，克罗地亚就业参与率较低，尤其是年轻人经常选择临时就业，长期合约占比较少。2017 年第三季度，临时雇员仍占克罗地亚就业总数的 22.5%，大大高于同期欧盟的平均水平（14.8%）。

针对 NEET 年轻人，克罗地亚推出了青年保障计划。2016 年，这一计划为 54% 的年龄处于 15—24 岁的 NEET 年轻人提供帮助。该计划实施 18 个月后，68.3% 的参与者成功实现就业。除此之外，就业服务和失业津贴的作用则有限，仅有 7% 的失业者会选择就业服务，失业津贴也仅能覆盖 15% 的保障人口。

二、法国：针对失业的政企“责任契约”

由于 10.3% 的失业率已位于历史高位，2013 年，时任法国总统奥朗德承诺改善就业，通过政府补贴工作岗位计划，向雇用年轻员工的企业提供激励，并从 2013 年预算中再拨出 20 亿欧元用于创造政府扶持的就业岗位，其中一项重要做法是政府与企业签订“责任契约”，即企业只要在五年的时间内多创造出总计 22 万—30 万个就业岗位，并扶持低收入群体就业，政府承诺会减轻其 100 亿欧元的资金负担。“责任契约”旨在“少缴费、促就业”。此外，“责任契约”出台后带来的影响还包括会在就业竞争力公税（CICE）方面造福于各企业。就业竞争力公税（CICE）于2013年推出，旨在减少200亿欧元的劳动力成本，法国政府希望在五年的时间内通过该税法案能够增加30万个就业岗位。

第四节　化解劳动就业风险的思路和对策

党的十九大报告指出，要坚持就业优先战略和积极就业政策，实现更高质量和更充分就业。应有针对性地预防大规模失业风险，同时通过完善个人劳动合同和集体合同，进一步规范劳动关系，促进充分就业、提高就业质量。

一、积极应对中美贸易摩擦引发的就业危机

1. 建立综合性贸易援助计划

首先，稳定涉征税企业的阶段性成本和订单压力，对其给予一定的贸易救济政策，为企业提供资金周转，并提供法律咨询服务，尽量争取外贸双方共同承担增税成本。其次，防止国内市场恶性竞争，建议由商务部建立磋商机制，相关行业协会协商谈判口径。发改委、商务部等部门加强跟踪研究和信息解读工作，向企业释放准确的信息，指导和帮助企业积极应对。最后，落实稳就业政策。对计划裁员的企业实行提前报告制度，及时落实失业人员再就业帮扶、失业保险金发放或最低生活救助制度，避免因裁员引发社会不稳定。

2. 缓解外部影响带来的劳动就业压力

持续研判和监测中美贸易摩擦对行业和企业的影响，鼓励地方人社部门推出针对特定行业和工种的在岗培训、转岗培训和就业辅导服务，为后续可能的失业风险制定应对措施。与此同时，建立空岗报告制度，进一步挖掘潜在的就业岗位，努力消除劳动力供需错配和失配的影响。针对外贸为主的地区，全面实施职业技能提升行动计划，推进就业创业培训，加大对农民工、就业困难群体等的培训和就业服务，加大公益性岗位开发力度，通过稳岗补贴、失业保险等政策措施，加大对阶段性就业压力和失业风险的保障。

3. 积极制定为企业减负的政策措施

从长期看，一国或地区的资源禀赋变化和发展阶段不同会导致劳动力、土地、能源和环境治理等要素成本不同程度上涨，而且这些成本从长期看还将继续上升。所以，应当根据短期内制造业企业发展面临的新问题，在尊重经济发展规律的同时，创新政策手段和实施路径，通过降低用地、用能等趋势性成本的上涨速度和幅度，为制造业企业真正“缓压减负”，预防劳动关系欠薪风险。

切实回应企业的发展需求。专项落实降低企业税费、社保等成本的政策，为企业提供良性发展的营商环境。积极为企业搭建开拓市场、人员招聘等服务平台。切实通过基本公共服务均等化等措施为企业招工、留人提供良性环境。听取企业的呼声和需求，加大城市公租房等保障房建设力度。与此同时，鼓励企业在力所能及的范围内解决职工家庭住宿。规范发展农民工子弟学校，切实解决农民工子女入学难问题。通过建设有温度的企业文化，进一步构建和谐劳动关系。通过企业和政府的共同努力，努力避免招工难、用工荒成为企业发展的掣肘。

二、加强特殊人群劳动就业服务工作

1.扎实做好高校毕业生、退役军人、农民工等重点群体就业工作

加强对城镇各类就业困难人员的就业帮扶，坚决防止和纠正就业中的性别和身份歧视，实施职业技能提升行动，健全技术工人职业发展机制和政策。加快发展现代职业教育，既有利于缓解当前就业压力，也是解决高技能人才短缺的战略之举。改革完善高职院校考试招生办法，鼓励更多应届高中毕业生和退役军人、下岗职工、农民工等报考。扩大高职院校奖助学金覆盖面、提高补助标准，加快学历证书和职业技能等级证书互通衔接。改革高职院校办学体制，加强师资队伍建设，提高办学质量。引导一批普通本科院校转为应用型大学。支持企业和社会力量兴办职业教育，加快产教融合实训基地建设。

2.切实保障去产能分流职工的合理安置

加大安置奖补资金的支持力度，国家的补助资金扩展至全部重点行业。通过产能转移、新产业项目等，鼓励核心技术工人转岗就业或二次创业。通过与属地合作，规模性开发由市政管理行业、服务业以及社区公益性岗位等组成的多层次就业岗位，实现就业安置。确保分流安置过程中的信息及时公开公布，将工作做细做好，避免职工中的负面情绪蔓延。

3. 完善低收入群体劳动就业支持体系

通过促进就业提高增收能力。一方面，建立“三类奖补”政策扶持体系。通过支持困难群体培训就业、就业支撑平台建设和超比例安置就业补助“三类奖补”措施，积极构建体制完善、互相衔接的政策体系。另一方面，明确扶持内容和补助标准。通过规范专项资金使用方向和补助标准，统筹困难群体就业脱贫，扶持困难群体自主创业和灵活就业，引导发展困难群体辅助性就业等，进一步增强政策可操作性和实用性。工资关系是劳动关系中的重要组成部分，我们要建立低收入产业工人工资倍增计划，最低工资标准原则上每两年调整一次，调整幅度基本与劳动生产率增长相协调。

支持创业扶贫贷款担保和贴息。对从事种植、养殖、农副产品加工、流通业等行业的贫困人员，可申请一定额度内无抵押、无反担保信用贷款，财政给予全额贴息；对吸纳贫困人员达到政策要求的单位，按规定给予一定的担保贷款。

实施技能培训补助工程。充分利用促进就业创业资金的作用，支持有转移就业意愿的贫困人口参加职业技能培训，确保贫困人口按规定享受职业培训补贴，提升就业创业技能。将贫困家庭符合条件人员优先纳入企业新型学徒制培训试点范围，学徒在学习培训期间，企业支付不低于当地最低工资标准的学徒基本工资。

实施新型职业农民培训工程。结合农民培训项目实施计划，选择部分贫困村开展科技扶贫，对贫困村科技带头人、示范户和农民合作社经营管理人员进行培训，增强其示范带动作用。加强职业技能，提升就业质量。积极建设高技能人才公共实训基地，充分利用互联网技术，探索建立劳动者个人学习账号和学分累计制度。实施家庭农场主、现代青年农场主、新型农业经营主体带头人等培训计划，加快培养职业农民，提升其科学种养水平和生产经营技能。吸引、支持大学生返乡进行涉农行业创业，积极拓宽新型职业农民培育渠道。

三、充分挖掘新行业新领域就业潜力

1. 保障灵活就业者的合法权益

加强对新就业形态的支持。进一步推进养老保险制度改革，研究适当降低社会保险费率政策，研究制定适合新型就业模式和就业关系的社保缴费制度。要尽快研究出台相应的法律法规和行业标准，规范新就业形态从业者的劳动权益，保护用人单位和零工从业者的权利。通过社交媒体大力宣传相关政策，提高新就业形态从业者的社会认同感和参与感。

2. 加大对高技能岗位、服务型岗位的培育

在未来，技术替代可能会对一些行业及人群产生挤出效应，但劳动力市场对高技能就业岗位和低技能就业岗位的需求可能会增加。要重点发展包括金融服务、信息服务、专业服务、外包服务、现代物流、研发设计、文化创意、商务会展等在内的生产性服务业，形成产业集聚，促进集群发展，在形成经济增长新动能的同时创造出新的就业机会。加快发展涵盖文化娱乐、医疗健康、养老家政、旅游休闲等领域的生活性服务业，补齐中高端生活性服务业不足的短板，扩大就业容量。降低市场准入门槛，打破进入壁垒，在为服务

业引入竞争和提升效率的同时，提高服务业的就业吸纳能力。

发展非营利组织应当成为未来吸收劳动力的重要方向。美国有200多万个非营利组织，我国的社会组织才80多万个，有很大的发展空间，而我国养老服务、儿童服务、残疾人服务及其他社会公共服务的供给严重不足，既影响老百姓生活质量的持续改善，也影响就业岗位的不断增长。同时，非营利组织的发展也是解决高端人才就业的良好渠道，我们应该积极推进非营利组织的健康发展。

（执笔人：李璐）

主要参考文献：

[1] 汪伟.如何实现更高质量的就业.人民论坛，2019（4）.

[2] 李迅雷.农民工去哪儿了，www.finance.sina.com.cn，2019.5.4.

[3] 人力资源和社会保障部就业司.2018年第四季度部分城市公共就业服务机构市场供求状况分析，http://www.mohrss.gov.cn/SYrlzyhshbzb/zwgk/szrs/sjfx/201902/t20190201_310090.html.

[4] 段炳德.中美贸易摩擦对我国制造业就业的潜在影响分析.中国劳动关系学院学报，2018（6）.

[5] 黄金曦、钟艺羲.零工经济时代从业者就业风险分析与应对.学术论坛，2019（5）.

[6] 祝宝良.预计一季度中国GDP增长6.9%，经济运行面临三大问题和风险，http://www.eeo.com.cn/2018/0416/326734.shtml，2018.4.16.

[7] 蔡昉．为什么将就业优先政策置于宏观政策层面．光明日报，2019.3.26.

[8] 何玲、易定红．两代农民工就业状况差异研究．中国物价，2019（5）.

[9] 关博．加快完善适应新就业形态的用工和社保制度．宏观经济管理，2019（4）.

[10] 赵谨．贸易与就业：国际研究的最新进展与政策导向——兼论化解中美贸易冲突对我国就业影响的政策选择．财贸经济，2019（3）.

[11] 田帆．新常态背景下就业风险研究评述．中国经贸导刊，2016（2）.

第九章

新业态从业人员职业伤害风险及保障

第一节　新业态就业的发展背景与就业状况

一、新业态就业的发展背景

第四次工业革命浪潮推动了我国共享经济的蓬勃发展，“双创”“四众”“互联网 +”和平台经济的融合发展，催生了一大批新业态从业者。据《中国共享经济发展年度报告（2020）》显示，2019 年我国共享经济参与者人数约为 8 亿人，参与提供服务者人数约为 7800 万人，已占到城镇就业人员总量的 17.63%。当前，新业态“蓄水池”“稳定器”的作用更加凸显，成为就业领域重要的增长点。但是，由于受到就业形态复杂、劳动关系判定难和社保制度缺失等因素的制约，新业态从业人员获得的社会保障权益与传统就业人员相比明显不足，在重大职业伤害方面的问题尤其突出。

2017 年 4 月，国务院印发的《关于做好当前和今后一个时期就业创业工作的意见》指出，支持新就业形态发展，完善适应新业态特点的用工和社保制度，探索适应灵活就业人员的失业、工伤保险保障模式，要求从实际出发，切实解决新业态从业人员的劳动保障问题。

二、新业态就业的研究现状

新业态就业又称新就业形态，指伴随互联网技术进步与大众消费升级出现的、去雇主化的就业模式以及偏离传统正规就业并借助信息技术升级的灵活就业模式（张成刚，2016），它出现于新兴的平台经济、共享经济、众包经济和众筹经济等领域（曹佳，2018）。党的十八届五中全会公报指出，加强对灵活就业、新就业形态的支持。国际劳工组织将这一新兴就业模式称为非标准就业，指与标准就业相对的临时性就业、非全日制就业、多方雇佣关系、隐蔽性雇佣和依赖性自雇（国际劳工组织，2016）。当前，新业态中非典型雇佣受到宏观政策、宏观经济、平台企业等诸多因素的影响（魏巍等，2019）。互联网平台企业与劳务提供者之间多种关系并存并出现劳动关系向民事关系发展的趋势（张宪波等，2017）。学界对互联网平台用工中劳动者的法律身份一直存在争议，主要原因在于现有检验劳动者身份的方法部分失效，导致部分劳动者群体游离在劳动法保护范围之外，权益未得到有效保护（吴清军等，2019）。

在新业态从业人员职业伤害保障路径方面，部分学者认为，将新业态从业人员纳入工伤保险制度既符合工伤保险分散职业风险的理论，又具有保护劳动者的现实必要性，应该坚持“谁用工，谁负责”的原则，依法纳入工伤保险（张岩，2018；王永，2016）。考虑到新业态从业人员的特殊性，应探索建立专门的职业伤害保障制度，作为工伤保险体系的子制度（翁仁木，2019）。也有学者认为，由于劳动关系确定、工伤认定和缴费方式上的障碍，在现有制度框架下，将这个群体直接纳入工伤保险制度不可行，应进行必要的政策调整，更好地保障劳动者的工伤权益（陈韫竹等，2017；张军，2017）。

第二节　新业态从业人员职业伤害保障的现状

一、新业态从业人员劳动关系认定困难

1. 就业形态复杂多元

以网约车和在线外卖行业为典型的平台经济，近年来发展迅速，在推动服务业结构优化、促进消费方式转型、创造新增就业岗位和充分挖潜现有劳动力资源等方面发挥了积极作用。平台经济普遍出现多形态就业和多雇主雇佣的情况，衍生出错综复杂的就业现状：同一平台存在自有员工、派遣员工、自雇加盟从业者、众包接单从业者等多种就业方式，而同一个从业者又可能以多种形式在多个同类平台就业，直接导致劳动用工调查取证难，关系判定难，经办管理难。表 9.1 为不同平台经济经营模式与从业人员的法律关系及保障模式。

表 9.1　不同平台经济经营模式与从业人员的法律关系及保障模式

行业 / 类型	经营模式	法律关系	劳动者就业形态	保障模式
网约车	信息撮合 + 运营保障	服务合作关系	兼职、全职并存，临时性强	商业保险
	平台车辆 + 雇佣司机	劳动合同关系	全职为主，相对稳定	工伤保险 / 商业保险

续 表

行业 / 类型	经营模式	法律关系	劳动者就业形态	保障模式
网约车	司机以自有车辆加盟	服务合作关系	全职为主，相对稳定	无限定
速递服务	快递服务（自有雇员 + 劳务派遣）	劳动合同关系	全职为主，相对稳定	工伤保险 / 商业保险
	信息撮合 + 加盟专送	劳动合同关系	兼职、全职并存，具有一定临时性和离散性	通过平台购买商业保险（按日），强制
	信息撮合 + 众包快送	服务合作关系	兼职、全职并存，流动性、临时性、离散性强	通过平台购买商业保险（按日），强制

资料来源：作者根据对平台经济头部企业的调研整理。

2. 劳动关系认定存在争议

现行的《劳动合同法》适用于书面缔结或事实形成的劳动关系。对于新业态中大量存在的自雇加盟从业者和众包接单从业者来说，他们与平台之间的关系是“劳动关系”“合作关系”抑或是“合伙关系”，在国内劳动仲裁、民事诉讼实践中尚未有明确的判定标准。国内外法院裁定平台和从业者之间成立事实劳动关系与不成立事实劳动关系的案件并存，而且即使闪送速递员、快递员劳动内容近乎相同，工作安排方式相似，在不同案例中也有相反的判定结果。（如表 9.2 所示）

表 9.2 平台与从业者劳动关系判定案例比较

从业者	判定结果	判定依据
网约车司机	不认定劳动关系	司机可自行掌握工作时间，其劳动报酬亦非从平台公司领取
闪送速递员	认定劳动关系	闪送速递员服务期间佩戴工牌，按公司规定的服务流程提供服务，平台是其主要收入来源，“从属性”成立
外卖骑手	劳动仲裁未认定劳动关系，一审法院认定存在劳动关系	骑手受平台的监督管理，劳动报酬由平台发放，按照平台要求的时间、地点、规范进行工作，“控制权”成立
快递员	不认定劳动关系	快递员收入主要来自快递承揽，快递面单由快递员向快递公司购买，快递员自备交通工具，未约定工资标准、工作休假时间等，更符合“承揽关系”

资料来源：作者根据北京、天津、江苏、山东的典型案件整理。

二、新业态从业人员社会保险缺失

1. 参保工伤保险存在障碍

我国现有的《社会保险法》和《工伤保险条例》是建立在工业化大生产下相对稳定的用人单位与职工双边劳动关系之上的，与当前新就业形态灵活化、多元化的劳动参与方式及多元主体模式并不适应。

首先，共享经济平台企业是否应承担雇主责任或是代行雇主缴费责任争议较多。工伤保险坚持无过失补偿原则，雇主全额缴费。对于大量多平台同时兼职的从业人员来说，其存在保险缴费主体不清晰的问题。其次，传统工伤认定模式面临较大挑战。《工伤保险条例》规定的“三工”认定原则（工作时间、工作场所和工作原因）并不适应新业态从业人员工作特点，导致工伤调查取证困难重重。最后，新业态从业人员具有高流动性和不稳定性，与现行的工伤保险经办管理模式不适应。目前的社保经办流程和服务设计以面向机构组织为主，如大量零散的新业态就业人员以个体身份投保工伤保险，社保经办机构恐不堪重负。

2. 从业人员投保诉求分化

受年龄、常住地、生活负担、自我保护意识等因素的影响，新业态从业人员对加入工伤保险或强制购买商业保险的态度存在较大分化，部分劳动者主动参保的意愿并不强烈。滴滴出行 2017 年的研究报告显示，网约车司机大多有本职工作，在企业事业单位工作的占 25.34%，不少司机不愿意为自己的短时兼职额外投保。美团点评发布的外卖骑手研究报告发现，骑手的日常开支项目大多以生活日用、赡养父母、抚养教育子女为主，当期消费压力大，这些从业人员更多倾向于取得现金报酬。部分外卖骑手对平台按单扣除保险金的规则有误解，认为是一种变相“盘剥”。此外，部分劳动者对社会保障权益和商业保险权责的认识不足，误认为主业雇主缴纳的工伤保险对兼职时间的职业伤害也有赔付；或误认为已加入了城乡居民养老保险和医疗保险，意外伤害保险并不必要。

三、商业意外险保障能力不足

1. 商业意外险保障力度不足

当前，各个平台协助新业态从业人员投保商业意外保险以应对职业伤害。与工伤保险相比，商业意外险保障范围有限，保障标准较低，保费投入偏高，除外责任较多，且均为一次性赔付，不具备长期保障性和动态调整性。在保障范围上，商业意外险产品一般仅涵盖意外死亡及伤残、意外医疗保险，而工伤保险除死亡、伤残赔付和医疗费用报销外，还包括亲属抚恤、康复、生活护理、医疗期工资、辅助器具等数十项权益。在保障标准上，平台给从业人员选择的商业意外险在意外死亡项目上一次性最高赔付水平普遍在 50 万—80 万元，而工伤保险死亡一次性工亡补助的现行赔付标准为 847180 元，且挂钩城镇居民人均可支配收入逐年动态调增。在保费投入上，同等保障待遇下商业保险保费明显偏高，在线外卖平台速递员的意外伤害险保费多为 3 元 / 天，以 3000—5000 元的月收入计算，投保费率约为 1.8%—3%，高于行业 1%—1.2% 的工伤保险费率标准。在除外责任上，商业保险对营运车辆的证照、个人过失、身体健康条件等有严格的保障例外条款，加上新就业形态本身的灵活性和复杂性，理赔过程中引发的争议更多。

2. 保障待遇明显不同

由于身份和平台差异，新业态从业人员投保的商业意外险产品在费率、保额和免责条款等关键要素上不尽相同，造成同样工作性质甚至同一就业平台上的从业人员“同工同命不同价”。以某平台企业骑手的商业意外险待遇为例，企业合作商骑手和自行注册接单的众包骑手所能参保的险种存在明显差异，众包骑手对应的保险项目不仅赔付水平低，保障内容也更加狭窄，如表 9.3 所示。

表 9.3　某平台企业骑手商业意外险待遇结构差异

保障内容	最高赔付水平	
	合作商骑手	众包骑手
商业意外险保障范围	意外伤害、第三者责任、雇主责任、医疗费用	意外伤害、第三者责任
死亡、残疾赔付	80 万元	65 万元
第三者责任赔付	40 万元	25 万元
医疗报销	10 万元	5 万元
大病医疗报销	2 万元	无
误工费	200 元 / 天	无

资料来源：作者根据调研及网络公开信息整理。

第三节　国内外关于新业态就业职业伤害保障的探索

一、典型国家新业态就业职业伤害保障的实践

1. ABC 测试和美国职业伤害保障趋势

一是采用科学的判别依据确定劳动关系。美国广泛采用 ABC 测试[①]以判定从业人员是正式雇员（employee）还是独立合同工（independent contractor）：A 项指在履行服务合同和事实上，个人在

① ABC 测试是美国在全国范围内推行的劳动关系测试标准。

履行服务方面不受控制和指导；B 项指服务超出雇主通常的业务范围；C 项指个人经常从事与所提供的服务相同性质的独立的行业、职业、专业或业务。测试倾向于保护从业人员，企业需举证证明从业人员全部满足“三个条件”，否则就是正式雇员。

二是明确新业态就业的雇主责任。2020 年 1 月，美国加州 AB5 法案正式生效，要求企业为基于 App 工作的零工经济工人提供包括最低工资、工伤保险、带薪病假和带薪家庭假等员工福利在内的社会保障。由企业支付联邦社会保障和工资税、失业保险税、州就业税，并承担相应的工伤赔偿责任。在著名的新泽西州 Uber 天价税费案中，政府部门曾要求 Uber 为其司机补缴 2014—2018 年共计 6.49 亿美元的雇佣税。

三是依托平台为从业人员提供保额较高且设计较为合理的商业保险。以 Uber 公司为例，美国全境的 Uber 公司与商业保险公司合作，保险仅在 App 开启时生效。空载阶段和载客阶段保障不同，在空载阶段，提供保额最高为 5 万美元的伤害责任险或 2.5 万美元的财产责任险，抑或是总额 10 万美元的第三方责任险；在载客阶段，事故责任险和无保险驾驶者保险的最高保额提高到每个事故 100 万美元，财产赔偿不超过车辆本身价值或维修费用。

2. 欧洲对新业态从业人员的保障趋势

对于零工经济从业人员的保护，欧洲各国的实践历程是从认定劳动者身份、保障最低收入权逐步发展到平台引导从业人员加入商业保险，并逐步提高保险待遇和免除从业人员缴费。给新业态从业人员提供更多符合他们劳动特点的社会保障权益，缩小这个群体与其他从业人员之间的劳动保障待遇差距。

2019 年 4 月，欧洲议会通过了保护零工经济中工人权益的法案，具体包括：为临时和短期就业者提供最低工资保障权；在工作首日或最晚 7 日内向工人明确工作条件；试用期不能超过 6 个月；工人享有培训权利。在英国，法院根据《1996 年就业权利法》判定 Uber 司机属于工人（worker），有权获得最低工资和带薪假期，但是否属于雇员（employee）尚不明确，因此司机是否享有其他社会保障权益未有定论，需要由议会最终明确零工经济下的诸多法律争议。在屡次劳动争议败诉后，从 2017 年起，Uber 英国向司机提供病假工资和意外伤害保险，司机每周支付 2 英镑以获取价值 8 英镑的福利，司机如果在两周或者更长时间内无法驾驶车辆，则将获得最高 2000 英镑的疾病和伤害赔偿。如果在载客中发生事故，司机将获得每周 300 英镑的职业事故保险，领取时间最多一年。2018 年，Uber 英国还启动了“合作伙伴计划”，通过与保险公司合作，为司机免费投保更高额的职业伤害保险。2020 年，法国最高法院裁定 Uber 司机是雇员（employee）而非个体经营者[①]，这意味着平台需要提供更多的税收和福利待遇给从业者。

二、我国关于灵活就业人员劳动保障的探索

1. 建筑行业工伤保险专项扩面

从 2014 年起，我国开始推动工伤保险制度在风险较高、农民工

① 法国法院认定的个体经营者标准有三条，分别是自己管理客户、自主定价和选择如何执行任务。

就业集中、参保率相对较低的建筑行业探索“单险种”开放和“项目制”参保。“同舟计划”允许建筑工程方为从业人员优先办理工伤保险手续，即允许职工投保“单工伤”。在缴费方面，也考虑了建筑行业的从业特点，按项目拟定工伤保险费率并在项目开工前一次性缴纳。根据人社部的统计数据，专项扩面政策实施2年后，我国建筑行业在建项目参保率达到86.38%，新开工项目参保率达到96.09%[①]。“同舟计划”较传统职工社会保险多险种同时投保和用人单位按月缴纳工伤保险费的参保方式有了明显突破，更加适应灵活就业人员，但运动式的参保政策过于依赖行业大企业，长效机制不足，后期参保率回落，在向交通运输、铁路、水利等行业扩面时也效果不佳。

2. 灵活就业人员职业伤害保险试点

从2006年开始，江苏省南通市就允许各类灵活就业人员通过代理劳动保障关系的机构办理工伤保险参保手续，每人每月10元。此后，苏州市吴江区探索专门的灵活就业人员职业伤害保险办法，试点期间的缴费标准为180元/年，约为当地同期工伤保险人均缴费标准的40%；已在当地参加职工基本养老保险或医疗保险的灵活就业人员享受60元的缴费补贴，只需缴纳120元/年。同时，借鉴大病保险的经办模式，在政府主导下，通过公开招投标选定商业保险公司进行承保。

从试点效果来看，在现有工伤保险制度下进行“扩面”并不能

① 人力资源社会保障部办公厅关于进一步做好建筑业工伤保险工作的通知，http://www.mohrss.gov.cn/SYrlzyhshbzb/shehuibaozhang/zcwj/201703/t20170316_268063.html.

真正解决新业态从业人员的职业伤害保障诉求。如苏州市吴江区试点一年后，制度的规模效应和互济性未得到很好的体现，参保人数总体有限，不足同期参加基本养老保险或基本医疗保险灵活就业人员数量的四分之一，申领待遇的参保人员仅有25人符合领取条件[①]。同时，由于缴费水平不高，保障水平约为同等级工伤待遇的40%。

第四节 我国新业态从业人员职业伤害保障的政策设计

一、对新业态就业基本问题的探讨

1. 劳动关系和社会保险权可否分离

能否突破传统双边劳动关系的制约，使社会保障权益不再完全依附于劳动关系，是“同经济发展水平相适应”的社会保险制度“与时俱进”的重要创新。在欧美国家和我国前期的政策探索实践中，承认新业态从业人员享有最基本的劳动保障权利已成为基本共识。国外司法实践领域为了摆脱“劳动关系还是民事关系”的“二选一”困境，走出“第三条道路”以界定这种既非“从属”也非“对等”的新型雇佣关系。

---

① 沈宇红．吴江区实行灵活就业人员职业伤害保险的探索与思考．中国医疗保险，2019（7）．

面对平台经济的不断发展和逐步凸显的劳动用工新问题，我国新业态从业人员的职业伤害保障政策不能坐等劳动法领域的成熟论断和法律修订，而应并行研究、尽快出台。在新业态从业人员的社会保险权益问题上，应当适度松绑社会保险与雇佣关系的关联，弱化社会保险与就业之间的关联，逐步促进传统就业形态和新就业形态之间的融合与权益共享。

2. 新业态从业人员享有完全社会保险权益是否合理

在传统劳动关系中，劳动者让渡自身劳动和智力资本的支配权给雇主，以此获得劳动报酬和劳动保护，双方权责对等。新业态下，双方关系的从属特征和控制特性不断弱化，给予了从业者不断扩大的“自主劳动”和“自由选择”权利。可见，“完全劳动自由权”和“完全劳动保障权”之间一定程度上存在此消彼长的关系。

从权责对等的角度看，从业人员选择进入新业态，实际是以“牺牲”部分社会保险权益和职业安全感来换取一定的工作灵活度和自由选择空间。为新业态从业人员主张与传统劳动关系劳动者一样的社会保险权益，让他们“自由”和“保障”兼得，一定程度上是举着“平等”大旗制造出“不公平”。从保护和支持新业态发展的角度看，给新业态从业人员提供完全的社会保险权益意味着增加30%以上的劳动用工成本。对于大多数处在发展初级阶段，尚未实现盈利，仍靠风险投资存活的共享经济企业来说，这笔新增成本是“难以承受之重”。此外，从新业态就业人群自身的保障现状看，他们中确有一定比例已经参加了各类社会保险，没有主张完全社会保险权益的主观意愿。

从平台企业用工性质看，虽然平台企业“雇主”身份的认定在法理和现实层面存有障碍，但由于平台对从业人员有一定程度的“行为控制”“财务控制”和“关系限定”，因此仍需要对平台上发生的职业伤害承担必要的责任。平台对从业人员存在“行为控制”，如指导、培训、工作质量要求、对劳动工具和生产资料的要求等；存在“财务控制”，如费用扣除、考核奖惩、报酬支取等；存在“关系限定”，如不能由他人代工、有权分派其工作机会、有权终止工作关系等。

从权利和义务的对等关系看，平台对于从业人员因提供劳动而受到的职业伤害应当承担其相应主体责任，具体包括三方面：第一类是预防责任，包含职业伤害预防和培训教育责任；第二类是保障责任，包含代为投保责任、部分或全额缴费责任、对保险内容的告知和解释责任、协助获得理赔责任等；第三类是连带责任，包含部分职业伤害救助责任、协助恢复职业能力责任等。

3. 选择社会保险还是商业保险

从保障对象、保费成本、保障项目和保障水平来看，工伤保险具备明显的制度优势。但在经办模式的选择上，还需统筹考量“公平”“效率”和“质量”等因素：能否达到广泛覆盖和服务均等，能否实现节省成本和提高绩效，能否做到专业便捷和透明公开？

从公平角度讲，政府通过社会保险机构经办新业态从业人员职业伤害保险，能够最大限度保证一视同仁和服务均等；全国性的商业保险机构在统一制度关键参数的情况下，也能够实现基本公平。从效率角度看，当前办理社会保险仍需“到属地经办机构递交各类参保材料，以单位为主体按月缴纳”，这与新业态“平台化、网络化”的特征不相适应；而商业保险机构的全国性商业网络、多元的服务渠道、专业精算控费以及高效集成的信息系统等优势相对突出。社会保险与商业保险的服务递送都离不开监督管理和质量控制。在竞争市场化、服务标准化和信息公开化三个方面，商业保险机构的服务质量在经办过程中更容易受到监管，也更容易与新业态平台企业进行信息交互，更加适应灵活多变的就业形态。同时，商业保险机构在运营意外伤害保险方面有成熟经验，在经办大病保险、长期护理保险和参与新农合“社商”合作方面积累了较多经验。综上，从短期效果看，选择由商业保险机构经办新业态从业人员职业伤害保障制度是当前条件下减轻制度落地压力的务实之举。

二、新业态从业人员职业伤害保障的制度框架与核心要素

1. 制度框架

试点新业态从业人员职业伤害保障制度，是创新工伤保险制度的一个尝试，可以采用委托商业保险公司经办的方式先行推进。新业态从业人员职业伤害保障制度的筹资机制、保障内容和承办方式等基本要素如表 9.4 所示。

表 9.4　新业态从业人员职业伤害保障制度的基本要素

项目		政策建议
筹资机制	筹资标准	基于行业风险发生率、当前商业保险筹资和保障标准、工伤保险筹资和保障标准，做好资金测算，综合确定筹资标准

续　表

项目		政策建议
筹资机制	资金来源	多渠道筹集资金，平台和个人均分缴费责任、基金补缺，保证制度可持续发展
	统筹层次	全国统筹
保障内容	保障对象	互联网平台的新业态从业人员
	保障范围	职业伤害和恢复（包含当前商业保险保障项目，建议增加部分伤亡和重残补偿项目及劳动能力恢复项目）
	保障水平	不高于当前工伤保险待遇，也不低于当前参保的商业保险待遇
承办方式	承办主体	支持商业保险机构承办
	经办管理	规范招投标和合同管理
	风险管理	建立基金收支结余和政策性亏损的动态调整机制

2. 经办模式

基于公平、效率和质量的比较，以及与新业态的匹配程度，委托商业保险机构经办是较为务实的选择。建议由人力资源和社会保障部等部门通过联合公开招标，选定一家或多家全国性商业保险公司作为委托经办机构。由企业建立从业人员信息数据库并集中汇缴保费，直接进入社保经办机构专户。相关经办模式见图 9.1。

3. 资金来源

基于前文关于平台主体责任的论述，为不给平台企业带来巨大的用工成本冲击，建议新业态从业人员职业伤害保障制度建设初期的筹资由“平台和个人均分缴费责任，基金补缺”，具体缴费金额可

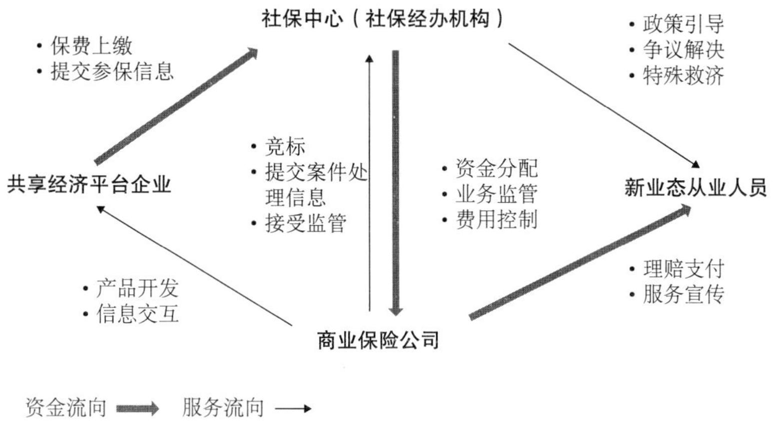

图 9.1　新业态从业人员职业伤害保障制度经办模式

参照工伤保险的行业划分方法，根据行业风险特征做适当区分。由于新业态从业人员的缴费能力和已有保障情况参差不齐，可以设置“基本保障 + 附加保险”，给予平台企业和从业人员一定的选择权限。从业人员可在基本保障对应的缴费标准上适当增加缴费，以实现较高的保障水平。在制度试点初期，为了给共享经济创造良好的营商环境，政府可以根据参保人数和保费总规模给予一定比例的财政补贴。此外，作为工伤保险制度的新设项目，职业伤害保障制度如出现当期收支缺口，可由工伤保险基金补缺，后期则应逐步调整缴费和支出以实现自我平衡。

4. 保障内容

鉴于在当前条件下主张新业态从业人员享有完全社会保险权益尚不具有合理性和财务条件，新业态从业人员职业伤害保障制度保障待遇不宜提高到工伤保险的待遇水平，也不宜扩大到工伤保险的保障范围。除了一次性伤亡需要保持基本相同的补偿水平外，其他保障项目的范围和待遇水平应明确限定在“保基本”内，与附加保险形成合理落差。基本保障可以涵盖意外死亡和残疾赔偿、一定限额的部分医疗费报销、有限的第三者责任赔偿、较低标准的误工补贴、低额的医疗期内津贴、意外死亡的安葬津贴等，而附加保险可以提高基本保障项目的赔付标准以及增加一次性遗属津贴、医疗辅助器械补贴、护理津贴、医疗康复津贴、职业技能学习津贴等长期保障和劳动能力恢复项目的保障水平。

（执笔：朱小玉）

主要参考文献：

[1] Woo, C. & Bales, R. 68.The Uber Million Dollar Question: Are Uber Drivers Employees or Independent Contractors. Mercer Law Review, 2017（68）.

[2] Cunningham-Parmeter, K.From Amazon to Uber: Defining Employment in the Modern Economy. Boston University Law Review, 2016（96）.

[3] Collier, RB., Dubal, VB. & Carter, C. Labor Platforms and Gig Work: The Failure to Regulate. Working Paper, 2017, http://www.irle.berkeley.edu/files/2017/Labor-Platforms-and-Gig-Work.pdf.

[4] ILO.Non-standard employment around the world: Understanding challenges, shaping prospects,https://www.ilo.org/caribbean/information-resources/WCMS_534326/lang--en/index.htm.

[5] 张成刚．就业发展的未来趋势，新就业形态的概念及影响分析．中国人

力资源开发，2016（19）.

［6］曹佳.经济新业态下劳动用工和社会保障制度相关问题研究.中国劳动，2018（6）.

［7］魏巍、杨河清、王欣.新就业形态中非典型雇佣关系影响因素及优化.中国劳动关系学院学报，2019（1）.

［8］张宪民、严波.互联网新业态平台企业就业形态调查及探索.中国劳动，2017（8）.

［9］吴清军、张艺园、周广肃.互联网平台用工与劳动政策未来发展趋势：以劳动者身份判定为基础的分析.中国行政管理，2019（4）.

［10］张岩.共享经济下灵活就业人员的工伤保险制度探析：以平台工作者为视角.吉林工商学院学报，2018（6）.

［11］王永.雇主责任、全额赔付是不变之道.中国劳动保障报，2016.8.26.

［12］陈韫竹、倪宏.关于现阶段灵活就业人员职业伤害保障的思考.中国医疗保险，2017（10）.

［13］翁仁木.对新经济新业态从业人员职业伤害保障制度定位的思考.中国人力资源社会保障，2019（4）.

［14］张军.新业态从业人员参加工伤保险难点及对策建议.中国医疗保险，2017（6）.

［15］刘佳婕、郝梦园、徐静.共享经济劳动者工伤保险制度构建的思考.劳动保障世界，2018（14）.

| 第十章 |

人均 GDP 1 万美元国家面临的风险及启示

世界银行数据显示，2017 年，中国人均 GDP 为 8827 美元，略高于中等偏上收入地区的平均 GDP 水平，不久将进入人均 GDP 1 万美元国家俱乐部。为了防止跌入“中等收入陷阱”，保持经济持续健康发展和社会大局稳定，顺利迈进高收入国家行列，本章将对部分国家人均 GDP 突破 1 万美元时经济社会发展状况进行分析，重点考察各国在人均 GDP 1 万美元时面临的发展问题，以期为我国未来发展提供经验借鉴。

第一节　亚洲主要国家的经济社会发展状况

一、日本

日本于 1981 年迈进人均 GDP 1 万美元俱乐部。20 世纪 70 年代，两次石油危机的爆发使西方国家普遍陷入“滞胀”泥潭，日本经济也由 60 年代 10.45% 的高速增长阶段转为 70 年代 5.22% 的中速增长阶段。但由于日本及时做出战略调整，推出新的产业调控政策，发展节能技术和石油替代技术，降低了 GDP 能耗水平，增强了整个经济的韧性，并成为第一个走出石油危机的发达国家。1974—1985 年，日本 GDP 年均增长率达到 4.1%，GDP 总量接近美国的 60%，迈入人均 GDP 1 万美元俱乐部之后，日本出现了以下问题。

1. 经济层面

（1）产业“空洞化”

20 世纪 80 年代以后，日元大幅升值，尤其是 1985 年签订的“广场协议”迫使日元大量升值，使其原本外向型经济受到严重打击。在日元升值、美元贬值的背景下，日本国内货币供给减少，财政当局只能采取积极的财政政策来弥补货币缺口，大量发行日元。众多金融机构以及大量财团贷款更加容易，放贷规模进一步加大。民间的货币流动大大超过了实体经济所需，大量“热钱”被投向股市、地产等领域。量化宽松的货币政策导致日本企业人工费和在国内采购原材料、能源等方面的费用大幅上涨，从而导致产品成本上升，国际价格竞争力减弱。为控制支出费用，很多日本企业将自己的公司迁移到海外，造成日本国内企业“空洞化”现象。

（2）经济发展放缓

进入 20 世纪 90 年代后，日本年度国内生产总值不断下降。日本在 1991 年前 GDP 总量增速较快，1980—1991 年的年平均实际增长率达到 4.41%。然而自 1992 年起，日本经济陷入了长期的停滞，1992—2012 年的年平均实际增长率下降为 0.81%，在 1995 年前后甚至出现了负增长。自 1990 年起，日本人均 GDP 增长陷入停滞。不断升值的日元、大量涌入的热钱以及有利的杠杆投资机会，带来了一场史无前例的资产泡沫。日经指数从 1985 年末的 13083 点上涨至 1989 年末的 38915 点，4 年间上涨了近两倍，总市值由 190 万亿日元涨至 611 万亿日元，增长 2.2 倍，一跃成为全球市值最大的股票交易所。

（3）金融领域动荡

为了拉动日本内需，日本政府采取宽松的货币政策，大量发行日元。众多金融机构以及大量财团贷款更加容易，放贷规模进一步加大。民间的货币流动大大超过了实体经济所需，金融体系中的现金以及准备金过多，低利率进一步催生了人们的投机心理，为金融危机埋下伏笔。一方面，政府债务率高。1990—2013 年，日本政府的负债率迅速从 47.6% 增长到 209.3%，位居发达国家之首，远远超过公认的 60% 的国际警戒线。另一方面，金融机构大肆融资。在泡沫破灭前的“繁荣”时期，日本的银行、非银行金融机构均大肆为不动产融资，结果导致金融危机。金融泡沫破灭后，融资无法收回。面临大量的不良贷款，那些金融机构不堪重负，“银行不倒”的神话不复存在，仅在 1991—2000 年，日本金融机构破产数就达 124 家。

2. 社会层面

（1）人口负增长

1973 年，日本出生率在达到 19.40‰的峰值以后，呈现持续下降趋势，到 2014 年仅为 8.00‰，不及世界平均水平的一半。随着出生率的持续下滑，2005 年日本人口数量首次出现自然减少，到 2011 年正式进入持续负增长阶段。

（2）人口老龄化

人口老龄化问题对经济发展的影响主要表现在对劳动人口、收入与消费等方面的影响上，人口老龄化最直接的影响是劳动人口减少。日本总务厅 1997 年 3 月发表的《推计人口》推测：“日本的劳动人口将从2000年开始减少，2000—2020年将减少约450万人。”劳动人口大幅降低在一定程度上抵消了劳动生产率对经济增长的促进效果，最终导致经济增长率下降。人口老龄化导致消费减少，人口负增长导致人口数量不断减少。人口是消费市场中最基本的要素之一，与年轻人相比，老年人口消费能力较低。此外，人口老龄化还导致家庭储蓄率下降，企业投资热情减弱，影响日本整体经济发展。

（3）贫富差距扩大

尽管进入21世纪以后，日本政府实施具有典型新自由主义色彩的“结构改革”政策，在一定程度上重新激发了日本经济的活力，使日本经济逐渐从低谷中爬出来。但是与经济景气回升相伴的是日本贫富差距的进一步扩大。因此，21世纪初的经济景气回升被日本各界称为“格差景气”。日本贫富差距扩大的表征有以下几个方面：一是用基尼系数表示的贫富差距日益扩大；二是贫困率居发达国家第三位，根据经济合作与发展组织发表的有关其成员国贫困状况的比较调查报告，日本在发达国家“贫困率”排名中高居第三，为15.3%，与十年前相比“贫困率”上升了近一倍。

二、韩国

自20世纪60年代末开始，韩国经济高速发展，仅用了15年的时间就实现了国家经济现代化，年均经济增长率在10%。到20世纪80年代中后期，韩国已经步入了高收入国家行列。在实现民主化之后，韩国经济继续发展，1994年人均GDP达到1万美元。自20世纪 90 年代中后期以来，韩国经济社会出现了以下问题。

1. 经济层面

（1）经济增长速度放缓

经过 20 世纪 80 年代后期的高速发展时期后，韩国经济增长率从 1997 年开始逐渐下滑。始于东南亚的金融危机冲击到韩国，导致韩国企业大量崩溃，国民经济的根基被动摇，韩国经受着建国以来最大的经济考验。1998 年，韩国经济下降了 5.9%。

除此之外，韩国经济增速放缓还与其面临的政治风险不无关系。20 世纪 90 年代以来，朝鲜半岛南北关系时好时坏，韩国始终面临来自北方的政治甚至军事风险，导致社会对经济预期不佳，一定程度上加剧了经济不景气状况。

（2）市场机制效能低

韩国经济集团势力的崛起，导致韩国一些行业日益缺乏公平合理的竞争，市场机制不能充分发挥作用。一些低效率的经济集团子公司缺乏盈利能力，拥有极高负债率，但却依靠资源优势继续生存。与此相对，一些新兴高效率行业和公司却不能得到合理的资源配置。韩国企业间缺乏必要的公平竞争，还导致原有经济集团故步自封，进一步影响了韩国的全要素生产率，使社会生产力得不到合理释放，造成了韩国经济长期不平衡的局面。

2. 社会层面

（1）人口老龄化严重

韩国政府到 20 世纪 90 年代才开始实行奖励生育政策，但由于受之前人口抑制政策的影响，韩国的生育率一直较低，2015 年为 1.24，在 OECD 的 34 个国家中位居第 33 位。由于长期的低出生率，韩国面临老龄化和人口减少问题。韩国的老龄化速度是世界上最快的。据韩国统计厅统计，韩国 2015 年老龄人口为 654 万人，到 2025 年老龄人口预计达到 1051 万人，约占总人口的 20.3%。低出生率和老龄化并存，导致韩国劳动年龄人口逐步减少，不仅影响经济增长，还将加重社会负担，导致社会抚养负担和费用进一步加重。

（2）社会结构固化

在韩国的一些地区，等级观念强烈，男尊女卑思想根深蒂固，社会结构固化，流动性差，社会内部群体间歧视现象明显。2010 年 8 月，韩国开发研究院（KDI）公布了近 10 多年间韩国社会上流阶层、中产阶层、贫困阶层家庭比率变化的分析资料。以家庭收入为准，中产阶层比率从 1996 年（68.5%）起逐年递减，2000 年为 61.9%，到 2009 年仅占 56.7%，13 年间共减少 11.8%；上流阶层比率从 1996 年的 20.2% 增至 24.1%；贫困阶层则从 11.3% 增至 19.2%。KDI 的研究表明，虽然韩国中产阶层数量大减，但是大部分并未晋升为上流阶层，而是转变为贫困阶层。

（3）贫富分化严重

尽管韩国人均收入较高，但贫富分化日益严重，工薪阶层尤其是年轻人的压力很大，上升空间十分有限，创业环境差。普通人难以进入公职和经济集团大企业工作，竞争异常激烈。由于农业保护政策及思想观念束缚，韩国普通人的生活成本很高。2016 年 3 月 16 日，国际货币基金组织（IMF）发表《经济增长成果的分配——亚洲的不平等分析》报告显示，截至 2013 年，韩国前 10% 上流阶层的收入占韩国收入的比重为 45%，这是亚洲国家中的最高值。

第二节　欧美新兴经济体国家的经济社会发展状况

一、俄罗斯

自采用“休克疗法”以来，俄罗斯经济一直不容乐观，在经历了 1997 年亚洲金融危机及 2008 年全球金融危机之后，俄罗斯的经济社会发展更是举步维艰。尽管俄罗斯在 2008 年成功进入人均 GDP 1 万美元俱乐部，但之后其经济社会发展一直问题重重。

1. 经济层面

（1）失业率高企

在全球金融危机等的影响下，俄罗斯经济局势复杂，居民失业率高，直接影响居民的生活。据俄罗斯联邦统计局公布的数据，俄罗斯 2005 年的失业率为 7.12%，2009 年达到 8.3%，2012 年之后有下降的趋势，2015 年为 5.6%，2016 年为 5.4%。俄罗斯的居民失业情况呈现区域不均衡态势，有些地区十分严重，如 2015 年印古什共和国的失业率高达 30.5%，而同期莫斯科的失业率仅为 1%，圣彼得堡为 2.1%。

（2）通货膨胀严重

苏联解体以后，俄罗斯 1992 年的通货膨胀率高达 2508.8%，随后逐渐降低，到2006年降至9%。2011—2013年是俄罗斯经济快速增长时期，这一时期，其通货膨胀率保持在6.5%左右。但是，由于俄罗斯国内大量产品严重依赖进口，随着卢布贬值，其通货膨胀率继续上升。2014年俄罗斯的通货膨胀率上升为11.36%，2015年进一步上升为12.91%，2016年才回落至5.38%。总体上看，俄罗斯的通货膨胀率变化幅度较大，且处于一个比较高的水平，对经济社会发展造成不良影响。

2. 社会层面

（1）人口结构失衡明显

一是人口地域结构不均衡，呈现西多东少、城镇多农村少的特点。根据俄罗斯2017年1月的统计数据，仅占其国土总面积20.82%的欧洲部分生活着68.3%的俄罗斯居民，俄罗斯国土欧洲部分的人口密度为27人每平方千米，而亚洲部分仅3人每平方千米。同时，74.27%的俄罗斯居民为城镇居民，莫斯科和圣彼得堡两个城市的居民就占全国人口的12%。据统计，自苏联解体以来，俄罗斯西伯利亚地区有1万多个村庄和290座城镇先后消失。二是性别结构失衡，俄罗斯的女性多于男性，2017年女性与男性的比例约为1.157:1。三是人口老龄化严重，2016年俄罗斯退休人员总数约为4300万人，占国家总人口的四分之一还多，俄罗斯65岁及以上的居民占总人口的14.4%。

（2）社会问题层出不穷

一是酗酒，酗酒是俄罗斯社会的一个严重问题。据统计，76%的俄罗斯人每天都会饮用含有酒精的饮料，许多人都有酗酒的习惯。

二是吸毒，吸毒被视为俄罗斯仅次于酗酒的严重的社会问题。据俄罗斯国家毒品监督局 2012 年的数据，俄罗斯国内有 300 万人长期吸食毒品，有 1800 万人曾有过吸食毒品的经历，这一比例远高于欧洲其他国家。三是社会孤儿，社会孤儿指生活在孤儿院中的父母健在的未成年人。社会孤儿是俄罗斯社会最突出的问题之一，俄罗斯有超过 70 万名社会孤儿，约占孤儿院中所有孤儿的 80%。

二、巴西

2009 年申奥成功时，巴西的经济形势很好。作为金砖五国之一，巴西 2010 年经济增长率达 7.5%，并于该年突破人均 GDP 1 万美元大关，迈进中高收入国家行列。然而，巴西 2010 年之后经济状况急转直下，陷入长期衰退之中。

1. 经济层面

（1）经济增长放缓

在 2010 年达到经济增长率峰值后，巴西经济便一蹶不振。据估计，巴西 2013 年经济增长率为 2.4%，而上年为 1.0%，尽管较上年增速有所回升，但依然低于拉美地区 2.6% 的平均水平。实际上，自 2011 年罗塞夫执政后，巴西经济增长一直表现欠佳。2011—2013 年，其历年经济增长率分别为 2.7%、1.0% 和 2.4%。不论是从纵向比较，还是从横向观察，近年来巴西经济增长都不理想。

（2）通胀率居高不下

自 2010 年以来，巴西的通胀率一直高于其 4.5% 的通胀目标，2011 年更是达到了 6.5% 的通胀上限。为抑制居高不下的通胀数据，巴西央行在2013年4月至2014年3月连续九次调高基准利率，累计加息375个基点。但这并没有降低通胀率，反而明显限制了商业活动和居民消费。2014年，巴西通胀率高达8.89%，为2003年以来最高通胀水平。在通胀率高企和经济下行的双重压力下，巴西经济举步维艰。

（3）失业率高企

失业率攀升已经成为巴西政府最为担忧的问题之一。巴西地理统计局的数据显示，2015年8月至10月，该国失业率高达9%，是2012年之后的最高值，就业水平堪忧。不仅如此，经济危机还导致毕业生就业率下降，使刚刚发展起来的中产阶级再度陷入贫穷。调查发现，在16岁到24岁年龄段中，有65%的人希望离开巴西去其他发达国家发展。

2. 社会层面

（1）失业、贫困、治安问题严重

巴西迈入人均GDP 1万美元大关后，相关社会问题并没有迎刃而解，相反在失业、贫困、治安等问题上面临更大挑战。根据巴西劳工部的统计数据，2015年1月至2016年6月，巴西合同就业数量共计减少207万人，总数约为3910万人，低于2014年9月的4180万人。根据巴西地理统计局的数据，2016年5—7月，巴西全国失业人口增至1180万人，失业率升至11.7%，是2012年1月以来的最高值。与2015年同期相比，失业人数增长了37.4%。同时，巴西的贫困问题日益凸显。巴西地理统计局数据显示，巴西赤贫人口在2015年回升至9.2%，较2014年的8%有大幅增加。治安方面，巴西社会治安情况呈现出明显的恶化趋势。根据拉丁美洲社会科学院的统计数据，巴西 2014 年每 10 万人中死于枪杀的人数为 21.2 人，远高于联合国确定的可容忍标准（10 人 /10 万人）。

（2）养老金改革问题重重

巴西的养老金改革问题重重。根据巴西官方统计数据，巴西 2016 年养老金赤字攀升至 1492 亿雷亚尔，占 GDP 的 2.3%，远高于 1997 年 0.3% 的水平，2017 年养老金赤字进一步攀升至 1812 亿雷亚尔。特梅尔政府曾向众议院提交了一份养老金改革草案，但在众议院和参议院均面临巨大阻力。不仅如此，特梅尔政府的养老金改革计划还面临外部劳工组织和公务员工会的强大阻力，养老金改革前景暗淡。

第三节　我国预防经济社会发展风险的政策启示

一、经济层面

1. 坚持政府宏观调控

要坚持政府对经济事务的宏观调控职能，强化政府对市场的宏观管理，适当收缩政府微观指导职能。把发挥市场机制决定性作用与发挥政府宏观调控基础性作用结合起来，让市场机制在市场主体的微观经营行为中起作用，让政府调控在宏观经济事务中发挥作用，形成市场机制与政府调控有机结合的经济发展模式，强化政府逆周期调控角色。营造清亲政商关系，防止政商间形成利益共同体，妨碍经济社会健康发展。

2. 保持经济平稳增长

维持经济平稳发展，促进就业优先政策，防止出现大面积失业现象；稳定货币政策，防止剧烈通缩或通胀出现。坚持稳中求进工作总基调，贯彻新发展理念，跟踪国内外形势变化，保持宏观政策的连续性稳定性，加强预调微调，提高政策协同性，精准施策，营造稳定可预期的宏观环境。推进供给侧结构性改革，积极补短板促升级，加大力度减税降费，采取有效措施让民营企业、小微企业融资难融资贵状况明显改善。把就业优先放在宏观政策更加突出的位置上，加大对重点群体就业服务力度，引导多种方式灵活就业，保持比较充分的就业，创造更多社会财富。

3. 推进收入分配体制改革

深入推进收入分配体制改革，促进财富在各类群体间合理分布，大力消除贫困，提升低收入者基本保障水平。要调节过高收入，针对高收入行业，强化企业工资总额和工资水平双重调控政策，缩小行业工资收入差距，发挥税收在调节过高收入方面的积极作用。适时推出房地产税，研究开征遗产税和赠与税，调节过高财产性收入。提升中等收入群体的收入，建立反映劳动力市场供求关系和企业经济效益的工资决定及正常增长机制，促进中等收入群体工资持续增长。要提升最低工资水平，根据经济发展、物价变动等因素，适时调整最低工资标准，使绝大多数地区最低工资标准达到当地城镇从业人员平均工资的 50% 以上。要引导预期，让民众充分认识收入分配的复杂性，认识到劳动、资本、技术、管理等要素在行业间及个体间不均衡分布的特性及各要素按贡献参与分配的基本原则，引导民众形成合理预期。

4. 转变经济增长模式

过去中国经济飞速增长得益于外贸和投资，而投资又主要集中在基础设施方面，基础设施投资最终演变成土地经济、房地产经济，导致土地经济及房地产经济在中国经济增长中扮演着过大的作用。过度注重以发展房地产来驱动经济发展不仅形成了不健康的经济增长模式，还推高了房价，房地产泡沫明显，中国房地产市场与资本市场风险巨大。要切实转变经济增长模式，要从外贸及投资驱动型经济转变为外贸及消费驱动型经济，尤其是在中美贸易摩擦无法短期解决的大背景下，要切实推动形成消费驱动型经济发展模式，防止投资进一步流入房地产及资本市场，抑制房地产市场泡沫，严控资本市场风险，引导中国经济转型成消费驱动型经济。

二、社会层面

1. 着力优化人口结构

在未来 50 年里，我国的人口急剧老龄化。据联合国预测，在我国的总和生育率保持 1.8 不变的情况下，2050 年我国 65 岁及以上的老年人口比例将占到 26.0%，0—14 岁人口比例下降至 13.5%；如果总和生育率保持在 1.3，2050 年时老年人口比例将高达 27.8%，而 0—14 岁人口比例将降至 9.1%。老龄化与少子化问题叠加，将给经济社会发展带来重大问题。要进一步优化人口结构，减缓人口结构失衡带来的诸多问题的冲击。从单独二孩到三孩政策，最直接的目的是修复人口的年龄结构，改善家庭结构。此外，我们还需要完善配套政策，让三孩政策发挥实效。例如，完善托幼保育服务，让人们敢生、愿生，加强舆论宣传，改变“重男轻女”观念，树立正确的生育观等。

2. 促进社会阶层流动

推进教育体制改革，实现更加普惠均等的教育，构建有利于阶层流动的教育机制，扩大底层民众通过教育实现阶层跨越的渠道，让更多底层民众实现阶层流动。优化职业结构，弱化职业差异性，减小职业歧视，拓宽职业横向流通及纵向晋升机制。在教育通道方面，排除教育资源分配受脑力和体力等非个人人力资源因素的影响，教育资源优先向弱势群体倾斜。在职业人才选拔方面，确保社会人才选拔体系科学性客观性，以立法形式形成科学合理的人才选拔制度，执法机构要竭力树立法律威严，提高通过法律解决问题的科学性和有效性 。

3. 防范化解社会问题

切实保障和改善民生，在财力允许范围内逐步提高基本公共服务水平，切实保障低收入群体基本生活。强化社会治理，防范和化解由城乡融合及人口迁移带来的群体冲突风险，构建完善的心理疏导服务体系，减轻社会戾气，防范化解相对剥夺感导致的各类社会事件。针对可能发生的社会事件，要积极引导，要强化监管与有效疏通双管齐下。首先要强化社会事件监测预警机制建设，充分利用大数据、云计算等高新技术手段，对重点人群实施监测，构建科学的预警研判机制。其次要强化纠纷调解机制建设，构建人民调解、行政调解、司法调解相结合的多元调解体系，积极化解社会纠纷，维护社会稳定。最后要畅通社会公众利益表达渠道，允许社会公众表达合理利益诉求，疏解社会公众不满情绪。在信息传播方面，要强化网络监管，提升政府公信力，严厉打击造谣传谣信谣行为，从源头上净化网络空间。

4. 着力建设参与型社会

随着经济的持续发展，社会大众生活水平日益提升，民众诉求日益多元，参与公共事务及自我实现的需求日益凸显。对社会公众的参与需求，宜疏不宜堵。要着力建设参与型社会，在基层治理参与方面，大力推进共建共治共享的社会治理模式建设，引导社会大众广泛参与身边的社会事务治理。在政府决策参与方面，广开言路，广泛倾听社会大众意见，吸收代表性公众参与政府决策过程，构建参与型决策机制。在立法参与方面，强化人大代表与群众的联系，发挥人大代表的民意聚集作用，更加注重倾听社会大众民意，为社会大众参与立法提供渠道和机制。在司法参与方面，着手建立陪审团制度，让更多社会大众参与到司法审判事业中，既充实司法审判力量，又回应社会大众的参与需求。

（执笔人：蔡潇彬）

主要参考文献：

[1] 范金．日本人均 GDP 超万美元前后的经济转型．群众，2011（1）．

[2] 沈红芳．东亚主要发展中经济体经济发展模式研究．厦门大学，2006.

[3] 丁溪 .60 年代后韩国的经济发展．哈尔滨工业大学学报（社会科学版），1999（1）．

[4] 魏燕慎 .90 年代韩国经济面临的挑战与选择．瞭望，1993（10）．

[5] 李文焕、张宝仁．九十年代韩国经济发展及其在东北亚区域经济合作中的地位与作用．东北亚论坛，1994（4）．

[6] 张玉冰．少子化和老龄化：台湾经济社会隐忧．统一论坛，2016（2）．

[7] 阙永善．试论 90 年代台湾经济转型．亚太经济，1990（5）．

[8] 焦黎．当今俄罗斯国内的主要社会问题．俄语学习，2018（6）．

[9] 徐坡岭．俄罗斯经济转型与增长的教训：政治经济学批判．俄罗斯东欧中亚研究，2018（5）．

[10] 程伟．输入型增长：俄罗斯经济困局探源．俄罗斯东欧中亚研究，2015（5）．

[11] 赵平．巴西新自由主义经济改革反思．改革与开放，2018（5）．

[12] 牛海彬．巴西经济困境的政治经济学视角．拉丁美洲研究，2015（5）．

[13] 王云飞、王力．社会学视角下的“拉美化”问题——以巴西社会发展为例．山西农业大学学报（社会科学版），2015（9）．

第十一章

社会保险费率水平的国际比较

本章聚焦全球范围内的社会保险费率情况，呈现了不同地理区域、不同国家群体近十几年来的费率调整变动趋势。通过对部分国家参数设计差异，如费基限额、筹资责任、税收制度、劳工制度等多方面的分析，揭示费率确定和变动的深层机理，力图用客观、全面、公正的视角进行国际比较。从综合配套改革的角度总结国际费率调整的经验，为我国下一步社会保障制度的深化改革提出参考建议。

第一节　中国社会保险费率的发展分析

中国学术界关于社会保险费率的“高低之争”始于 1999 年前后，主流观点认为应减轻企业社会保险负担以提高国际竞争力（李珍等，1999），因为社会保险缴费挤出了企业利润（周小川，2000）。对此，微观领域的研究主要集中在企业的承受力（刘钧，2004）和高费率对不同行业、不同规模企业的影响（孙博等，2011；封进等，2012）。宏观领域的费率研究主要集中在其对劳动力市场的影响（朱文娟等，2013）和对消费及储蓄的影响（白重恩等，2012）。随着 2015 年 2 月以来我国法定费率连续四次降低或阶段性调低，有关该论题的讨论涉及了配套政策的拟定和最优费率（苏中兴，2016；景鹏等，2016；杨俊，2017）。2018 年 7 月，国务院印发《国税地税征管体制改革方案》，将各项社会保险费交由税务部门统一征收，掀起了全社会对费率的新一轮关注：统一征收在提高遵缴率、夯实社会保险缴费基数（以下简称“费基”）、提高征缴效率的同时，是否会对国内中小企业造成普遍的利润挤出（郑秉文，2018），留出的降费空间有多大（朱小玉，2019）。

伴随社会保险制度的萌芽、发展、改革和优化，我国社会保险费率经历了从无到有、从低到高、从高到减的过程。费率制定权限从最初的中央拟定、全国统一发展到各地自行拟定、差别化执行再到综合改革下的逐步统一。当前，社会保险名义费率水平是多种因素共同作用的结果：既有制度转轨的历史性因素，也有人口老龄化的趋势性因素，更与多种制度性因素有直接关系。2019 年 4 月，我国启动第五次社会保险降费改革，将基本养老保险单位缴费比例降至 16%，并继续阶段性降低失业保险费率和工伤保险费率。不同于前四次改革，第五次改革是一次深度的综合性改革：不再局限于名义费率的下调，而是着眼于统一各地差异化的名义费率和对“碎片化”费基政策进行规范化改革。在经历前后连续四轮“小步多次”和第五次“综合统一”降费改革后，我国社会保险法定总费率水平已经发生了明显变化。第五次降费前，我国整体名义总费率为 37.25%；降费后，整体下降了 3 个百分点以上[①]。当前，我国大部分地区社会保险名义费率已低于德国（39.93%）、法国（43.95%）、意

① 20 个省级地区的费率下降 3%，7 个省级地区的费率下降 4%，2 个省级地区的费率下降 2%，以此推断整体降费比例高于 3%。

大利（37.98%）、奥地利（37.75%）、西班牙（37.33%）等欧洲国家的水平。[①]

第二节　社会保险费率变动的国际趋势

本部分以美国社会保障署发布的分地区2006—2018年《全球社会保障计划报告》为主要数据来源[②]，分析全球社会保险缴费的整体水平和2006年以来的发展趋势。

一、总费率及变动趋势

在2006—2018年的三个观察区间内（2006—2007年、2010—2011年、2016—2018年），全球166个国家和地区的社会保险总费率（以下简称“总费率”）均值在20%—21%，略有下降（0.7%），分区域变动趋势如图11.1所示。

如图11.1所示，2006年以来，欧洲、亚洲和太平洋沿岸地区（以下简称“亚太地区”）、美洲、非洲四大区域费率变动呈现“两降两升”的整体趋势。欧洲是社会保险制度的发源地，有着较为完善的社会保障制度。全球金融危机和欧洲债务危机使得大部分欧洲国

---

① 数据来源于美国社会保障署发布的《全球社会保障计划报告》，文中欧洲各国社会保险费率数据均截至2018年9月。

② 数据主要涵盖五类社会保障项目：养老、残疾和遗嘱保险，医疗和生育保险，工伤保险，失业保险，家庭津贴。

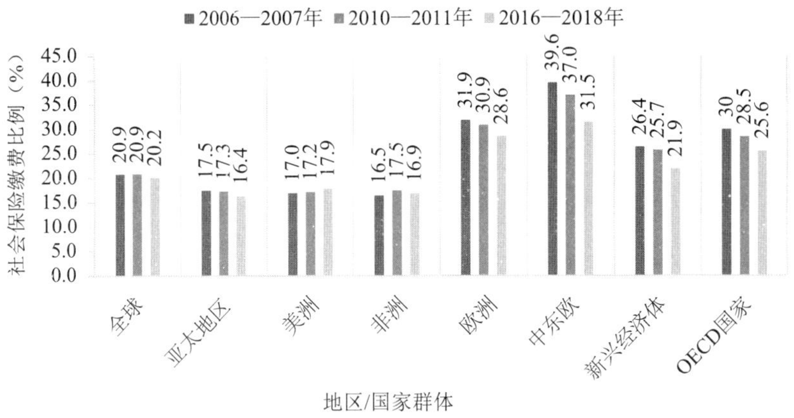

图 11.1 全球社会保险总费率变动趋势

注：（1）由于不同国家社会保险供款制度在费基、上下限额、适用人群方面的差异明显，该统计结果需要结合其他参数才能综合诠释一国的社会保险供款负担。

（2）在多档费率的情况下，《全球社会保障计划报告》往往只提取了最低费率，或提取算术平均费率。

（3）大多数国家个人账户的管理费率未包含在内。

（4）如果个人在两项不同费率的参保计划中具有选择权，则只呈现社会平均费率。

（5）图中的总费率包括养老、残疾和遗嘱保险，医疗和生育保险，工伤保险，失业保险，家庭津贴五种社会保障项目。

（6）中东欧国家包含前社会主义国家波兰、捷克、罗马尼亚、斯洛文尼亚等15个国家，新兴经济体国家包含阿根廷、巴西、印度等18个国家。

（7）数据来源：根据美国社会保障署分地区2006—2018年《全球社会保障计划报告》加工整理。

家紧缩福利开支，并持续推进社会保险费参数设计改革，其中举措之一就是控制和降低费率，增加市场主体活力。因此，欧洲总费率变动呈现下降趋势。亚太地区费率也呈现下降趋势，但与欧洲的情况不同，亚太地区费率的走低与劳动报酬水平的过快增长有关。该地区的实际工资增长率远高于全球其他地区，企业和个人合规参保的成本压力不断增加。因此，在经济增速换挡、债务水平攀升、公共风险频发的宏观背景下，多数亚太地区国家选择调低费率以对冲费基过快上涨带来的成本压力。美洲和非洲总费率则呈上升趋势。美洲总费率上升主要源于南美洲对过去私有化之路的反思和纠偏。为了遏制替代率[①]的下降，回应民众对改革的期待，南美洲国家纷纷选择新建非缴费型社会保障项目以减少贫困，增加雇主缴费以完善责任分担机制，构建多层次保障体系以促进社会公平，这些举措一定程度上提高了美洲总费率水平。非洲则尚处于社会保险制度建设初期，正经历保险项目从无到有、筹资由少增多的积累过程。但是，由于参保主体承受能力比较有限，非洲各国缴费体系相对脆弱，受经济环境和政治局势的影响，总费率上下起伏比较明显。

此外，部分典型国家群体——中东欧国家、OECD 国家和新兴经济体国家的总费率下降趋势更为显著。中东欧国家由于制度转轨原因，历史上设计了高费率化解转制成本，近 10 年通过制度结构性改革已从平均接近 40% 的总费率下降到近 30%，累计降低超过 8 个百分点。OECD 国家的总费率从 30% 下降到 25.6%，降低 4.4 个百分点，说明高收入国家同样在实施社会保险缴费端的“减负”措施，且力度不小。新兴经济体国家主要由亚太地区新兴经济体国家（以中国、印度为代表）和南美洲新兴经济体国家（以智利、阿根廷为

① 替代率一般指养老金替代率，是指劳动者退休时的养老金领取水平与退休前工资收入水平之间的比率。替代率是衡量劳动者退休前后生活保障水平差异的基本指标之一。

代表）组成。由于亚太地区新兴经济体国家数量占多、向下调整幅度更大，使得新兴经济体国家费率整体均值水平呈现明显的下降趋势，降低约 4.5 个百分点。

二、全球个人与企业的费率结构

除了关注总费率，个人与企业如何进行缴费责任分担同样值得研究。三个观察区间内，全球整体个人平均费率基本保持在 7% 左右，75 分位值（P75）[①] 在 9% 左右；企业平均费率在 13%—14%，75 分位值在 17%—20%，企业费率 / 个人费率比值在 2 左右。2016—2018 年，四个统计区域个人费率水平从高到低依次是欧洲（10%）、美洲（6.7%）、亚太地区（5.9%）、非洲（4.4%）；企业费率水平从高到低依次是欧洲（18.6%）、非洲（11.4%）、亚太地区（10.6%）、美洲（10.5%）；企业费率 / 个人费率比值从高到低依次是非洲（2.59）、欧洲（1.86）、亚太地区（1.80）、美洲（1.57）。可见，非洲国家的雇主在社会保险缴费中分担责任相较最多，美洲国家的雇主分担责任相较最少，具体如表 11.1 所示。

表 11.1　全球分地区费率责任分担情况（2016—2018 年）

地区	企业费率（%）	个人费率（%）	企业费率 / 个人费率
欧洲	18.6	10	1.86

① P25、P50、P75 是统计学概念，用于解释一个数据集合中不同位置的数据大小。以 100 个数据的集合为例，P25 是下四分位，表示从小到大排在第 25 位次上的数，也叫低位值；排在第 50 位次上的数即为 50 分位值，也叫中位值；排在第 75 位次上的数即为 75 分位值，也叫高位值。因为我国名义社会保险费率水平相对处在高位，所以在常用的 P25、P50、P75 中选取 P75 水平进行比较。

续　表

地区	企业费率（%）	个人费率（%）	企业费率 / 个人费率
美洲	10.5	6.7	1.57
亚太地区	10.6	5.9	1.80
非洲	11.4	4.4	2.59

注：根据美国社会保障署相关年份的分地区《全球社会保障计划报告》整理计算得到。

从变动趋势看，全球企业费率在走低，企业费率 / 个人费率的比值在变小，这说明社会保险“减负”主要体现为企业“减负”。欧洲的企业和个人费率“双降”，企业费率下降最为明显；与之相反，美洲的企业和个人费率“双升”，企业费率上升最为明显；亚太地区的企业费率下降，个人费率略有上升；非洲的企业费率下降，个人费率上下震荡。

三、部分国家费率情况

表 11.2 为 16 个国家的主要社会保险项目（含养老、残疾和遗嘱保险，医疗和生育保险，工伤保险，失业保险）个人费率、企业费率及法定总费率情况。①

① 由于各国社会保险制度设计多元，并非都按统一的标准比例缴费，部分国家的部分项目缴费无法按比例统一计入在内，详见表格后标注。

表 11.2　部分国家主要社会保险项目法定总费率和分担情况　　单位：%

国家 / 缴费主体	法定总费率	国家 / 缴费主体	法定总费率	国家 / 缴费主体	法定总费率	国家 / 缴费主体	法定总费率
奥地利	37.75	俄罗斯	25.1	阿根廷 a,b	22.06	美国	14.35
个人	17.03	个人	0	个人	11	个人	6.2
企业	20.72	企业	25.1	企业	11.06	企业	8.15
法国 c	43.95	西班牙 a	37.33	巴西 a	29	澳大利亚 c	9.5
个人	11.35	个人	6.25	个人	8	个人	0
企业	32.6	企业	31.08	企业	21	企业	9.5
德国	39.93	瑞典 a	27.97	加拿大 a,c	13.812	印度 b	32.5
个人	19.375	个人	7	个人	6.58	个人	13
企业	20.555	企业	20.97	企业	7.232	企业	19.5
意大利 b	37.98	英国 a,b	25.8	智利	23.76	日本 a	19.178
个人	9.19	个人	12	个人	19.01	个人	9.314
企业	28.79	企业	13.8	企业	4.75	企业	9.864

注：根据美国社会保障署相关年份的《全球社会保障计划报告》整理计算得到，其中欧洲国家数据截至 2018 年 9 月，美洲国家数据截至 2018 年 3 月，亚太地区国家数据截至 2017 年 3 月。a. 所有或某些福利由另外的项目提供资助，未计入在内；b. 部分项目非比例或非标准性融资，未计入在内；c. 部分项目由雇主支付总费用或直接向被保险人提供福利，未计入在内。

从表 11.2 中部分国家的情况看，经济发展水平、老龄化程度、社会保障制度发展成熟度等因素并不必然决定总费率水平。以美国、加拿大、澳大利亚以及英国为首的自由主义传统国家的费率水平普遍偏低。这些国家虽然都是高收入国家，但在资本力量强大、以交易原则为主导且金融市场发育完善的宏观背景下，建立高水平的普惠型社会保障制度遭遇巨大阻力，民众转而依靠多层次的商业保险来应对个人风险。与此相反，德国、法国、奥地利和意大利等具有法团主义和国家主义传统的欧洲大陆保守主义国家的费率普遍偏高。这些国家视社会保障权为公民的基本权利，并致力于通过社会保障制度来促进社会团结和社会控制。国家在社会福利的提供中发挥着主要作用，不仅为劳动者提供保护，还尽力将保障项目覆盖到劳动者家人，与高费率相对应的是较高的保障水平。

可见，一国特有的历史传统、政治文化、社会心理、思维定式、风俗习惯等隐性的福利意识形态①对社会保障制度的形成、发展和演化过程产生渗透性影响。福利意识形态的影响是内在性、长期性、持久性和根本性的，决定了国家、市场、家庭、社会组织在社会保障福利供给中的地位、角色及其作用，从而决定了法定费率的高低和分担结构。

---

① 福利意识形态一词最早来自克拉克、科赫瑞和斯马特所著的《福利意识形态》一书，是一种关于需要、福利、国家和政策之间关系的相对系统的理论，其将正义、平等、自由等福利概念的抽象分析与具体的福利改革政治措施有机地联系起来。

第三节　不容忽视的参数设置差异

一、费基限额：体现再分配力度

费基和费率是决定社会保险缴费总额的关键参数，不能脱离费基讨论费率。费基的上下限额设置体现了一个国家社会保险基金的收入再分配力度，一定程度上彰显制度的内部公平性。以英国新国民保险计划为例，2019 年雇员收入高于 892 英镑 / 周（折合人民币 8065 元 / 周[①]）的部分费率为 2%，雇员收入在 892 英镑以下的部分费率为 12%，以此限制高收入群体的缴费总额，在一定程度上缩小不同收入群体的养老金待遇差别。美国的缴费确定型养老保险计划规定本年度 50 岁以上雇员的缴费上限比其他年龄群体高出 6000 美元 / 年，旨在向老年人群倾斜。美国个人退休账户制度则规定薪酬超过一定门槛值的关键员工[②]和高薪酬员工必须经过“非歧视测试”，旨在避免补充养老保险制度成为企业部分关键人员和高薪酬人员的非公正避税渠道，保障制度的公平性。

相较之下，我国社会保险费基在公平性方面尚存在一定的缺陷。首先，低收入人群的实际费率因下限设置而高于名义费率。我

① 汇率按照 2019 年 11 月 15 日外汇牌价计算。

② 关键员工需满足以下条件之一：薪酬超过门槛值（180000 美元 / 年），或持有超过 5% 企业股权，或持有 1% 以上股权且年薪超过 150000 美元 / 年。

国社会保险费基上限为社会平均工资的3倍，下限为社会平均工资的60%[①]。收入低于下限标准的雇员同样要按照下限进行缴费，这意味着对于低收入人员来说，实际费率更高。其次，中低收入者工资水平"被平均"现象突出，由于我国类"金字塔形"[②]的收入分配结构长期存在，职工平均工资大大高出中位值，费基被再次拉高。最后，"单位工资总额"和"个人缴费工资之和"双基数并存，各地区费基政策不统一加剧了不同人群间、地区间的社会保险基金权益的不公平。

二、筹资方式：体现三方责任

个人费率、企业费率和财政补贴比例体现的是三方的筹资责任。许多OECD国家为了保持企业的国际竞争力，尽力将企业费率控制在一定水平内，通过加大财政投入来为基金注资。大部分OECD国家都经历了财政补贴快速增长的过程。OECD国家仅在养老、遗嘱保险方面的公共财政支出就占到财政总支出的18.1%（2013年）[③]。社会保险基金中财政补贴比重的不断增加，给企业和个人费率的下降提供了空间。

---

① 《国务院关于深化企业职工养老保险制度改革的通知》附件二《企业职工基本养老保险社会统筹与个人账户相结合实施办法之二》规定：职工月平均工资低于当地职工平均工资60%的，按60%计算缴费工资基数；超过当地职工平均工资300%的部分不计入缴费工资基数，也不计入计发养老金的基数。

② "金字塔形"收入分配结构与"橄榄形"收入分配结构相对，指的是一国居民收入分配水平和规模呈非正态分布，低收入人群规模最大，高收入人群规模较小，中等收入人群并未成为中坚力量。

③ 数据源自OECD发布的《OECD养老金概览（2017）》。

我国社会保险基金的财政补贴从2010年的4207亿元增长到2017年的超1.4万亿元，部分年份增速超过30%，年均增速高达19.7%，高于同期社会保险基金支出的增速（19%）。[①] 社会保险基金财政补贴占一般公共预算总支出的比重也不断攀升，从2010年的4.7%增长到2017年的7.2%。[②] 但从国际比较看，我国与OECD国家的财政投入水平仍相去甚远，需不断加大投入并优化补贴结构。

三、税收制度：考量综合税赋

社会保险费的本质是企业劳动力使用成本，可视为个人当期劳动收入税。我国社会保险名义费率较高，但个人所得税综合税率较低，因此总体税赋水平并不高。根据OECD《工资税赋报告（2018）》，2016—2017年OECD国家平均税收楔子[③]为35.9%，个人所得税率平均为13.5%，而同口径下我国2016—2017年税收楔子为32.9%，低于同期OECD国家平均值，个人所得税率平均仅为0.52%，几乎低于同期所有的OECD国家[④]。

---

① 根据财政部网站公布的各年度全国社会保险基金决算说明中的数据计算整理得出。

② 根据财政部网站公布的各年度全国社会保险基金决算说明中的数据计算整理得出。

③ 根据《工资税赋报告（2018）》中的统计口径，税收楔子的定义较广，是政府用直接税收、强制缴费或派款等手段征收雇员收入的份额，税收楔子（Tax wedge）=［个人所得税（PIT）+雇员社会保险费（employee SSCs）–现金福利补贴（cash benefits）+雇主社会保险缴费（employer SSCs）+工薪税（payroll taxes）］/劳动用工成本（labour costs）×100%，其中劳动用工成本（labour costs）=净工资收入（gross wage earnings）+雇主社会保险缴费（employer SSCs）+工薪税（payroll taxes）。

④ 本文所引用的《工资税赋报告》由OECD每年发布，但并非每年的报告都涵盖非OECD国家，此处中国数据源自OECD《工资税赋报告（2018）》的附件《相关部分经济体国家（2016—2017）》，统计方法、口径与主报告一致，具有可比性。

此外，对社会保险待遇是否进行征税，以及在哪个环节征税，都直接影响参保的净收益。根据《OECD 养老金概览（2017）》对 OECD 国家养老金税赋水平的统计：纳入统计的 35 个国家中，有 27 个国家对养老金待遇领取征税；当养老金收入达到平均收入替代率时，27 个国家的平均养老金税率为 15%；当养老金收入达到社会平均工资收入时，部分国家养老金税率极高，如丹麦（41%）、比利时（40%）、荷兰（36%）、德国（32%）等。在丹麦、荷兰、挪威、希腊和澳大利亚，养老金所得税税率高于在岗时个人所得税与社会保险费 / 税率之和。相比而言，我国的基本养老保险待遇领取是免税的，第二支柱企业年金和第三支柱商业养老保险采用 EET 模式[①]，综合税率也比较低。由于实施养老金领取免税和税收优惠政策，间接增加了养老金领取人的实际净收益。

四、劳工政策：配套同步调整

社会保障制度与劳动用工制度密不可分，两者相互协同，将产生正向的叠加效应。人口老龄化程度、抚养比、经济基础和社会文化等因素从本质上决定了责任主体缴费负担的高低，而劳动力流动壁垒、就业形态、人力资本投资等市场要素影响着社会保险制度改革的执行效果。表 11.3 呈现了总费率在 35% 以上的部分国家的人口结构和养老金领取年龄等基本情况：

① EET 模式是指在雇主和职工参加养老金计划时，在购买阶段和资金运用阶段给予免税，在养老金支取阶段进行征税。

表 11.3　2018 年部分高费率国家的人口结构和养老金领取年龄等基本情况

国家	老龄化程度（%）	抚养比（%）a	预期寿命		法定退休年龄		最早领取养老金年龄 b	
			男	女	男	女	男	女
法国	19.7	60.8	79.2	85.5	62	62	c	c
圣马力诺	19.6	53.3	80.8	86.1	65	65	57	57
奥地利	19.2	49.9	78.5	83.4	65	60	62	58
德国	21.5	52.7	78.3	83.1	65.58	65.58	63	63
意大利	23	57.6	80.3	84.9	66.58	66.58	c	c
斯洛文尼亚	19.1	51.6	77.8	83.9	65	64	60	59.67
荷兰	18.8	54.3	79.9	83.2	66	66	c	c
塞尔维亚	17.4	51.1	72.8	77.8	65	62	60	56
爱沙尼亚	19.5	55.8	73.2	82.5	63.5	63.5	60.5	60.5
西班牙	19.4	51.8	80.1	85.7	65.5	65.5	61.5	61.5

注：（1）法定退休年龄、最早领取养老金年龄数据来自《全球社会保障计划报告》；其他指标来自世界银行的世界发展指标。（2）a. 由年龄在 14 岁以下人口加上 65 岁及以上人口，除以 15—64 岁人口得到；b. 指一般情况下的提前退休年龄，没有包括特定员工群体的早期退休年龄；c. 该国没有提前领取养老金的年龄，或者如果符合某些条件，养老金在任何年龄均可领取。

相较而言，我国法定退休年龄和养老金领取门槛低于表 11.3 所列的所有国家。从全球普遍规律看，为顺应人口老龄化和高龄化的趋势，缓解社保基金平衡压力，绝大多数国家选择渐进推迟法定退休年龄和最早领取养老金年龄。我国人口预期寿命约为 76.4 岁，其中男性 75 岁、女性 77.9 岁[①]，但与之相对的退休年龄仅为 60 岁和 55

① 数据来源于世界卫生组织发布的《世界卫生统计报告（2018）》。

岁，远低于预期寿命相邻的其他国家。一方面，存在大量的提前退休现象；另一方面，我国缴费满15年即可开始领取养老金，使得养老金领取实际年龄远低于法定退休年龄，进一步加大了我国养老金支出端的资金压力。

第四节　调整社会保险费率的经验借鉴

一、如何看待名义费率问题

首先，名义费率并不能单一决定社会保险缴费负担。费基的上下限设置、费基绑定的统计指标、费基的变动频率、费基的群体差异等因素都将影响最后的缴费总额。当前，我国社会舆论对名义费率的高低过度关注，习惯就费率谈缴费负担，对费基这一参数的设置和调整重视不足。其次，社会保险高缴费水平并不必然决定劳动收入高税负，需要结合所得税税制分析综合税负。最后，由于制度结构差异、发展阶段差异和政治文化差异等，仅根据数字进行比较而不考虑制度和统计口径等，容易得出片面结论。全球社会保障制度多元模式并存，没有放之四海而皆准的最优制度结构，只有适合本国现阶段国情国力、社会文化的制度才是最优的制度。因此，费率的国际比较一定要结合本国制度土壤进行分析，才能避免陷入“单一决定论”和“唯数字论”的认识误区。

二、不断增强制度的自身平衡能力

社保制度要与公共财政保持适宜距离，科学选择参数调整时机和调整力度。我国人口规模大、地区差异大、群体异质性强，制度设计往往难以兼顾公平，参数设计总体较为粗放，执行中漏损严重。新时代社会保障政策应着重在凝聚共识、厘清权责、打破分割、持续发展等方面推进改革。应避免走高福利国家和欧洲债务危机国家社保制度“财政依附”的老路，明确财政在转轨历史债务、当期支付缺口和未来战略储备中的角色和出资规模，使社保基金能与公共财政保持适宜的相对独立关系，避免财政长期被动补贴。在参数调整的时机选择与力度上，应尊重制度运行机理，以小幅渐近模式减少震动，避免机械的行政干预。

三、适时推进费基改革

我国社会保险基数的地区差异较大，加剧了地区间社会保险基本权益的不公平。应适时推进费基改革，改善制度的不公平性。在费基改革的过程中，应先做好压力测试，摸底评估费基改革后成本集中增加的地区、行业和企业类型，提前做好改革预案。同时，可采用其他的减税、降费或特殊政策予以扶持，减少改革给企业带来的冲击。在费基下限设置方面，应避免损害低收入人群利益，允许其选择按照实际工资收入缴费，或设置差异化的费率（低收入雇员可选择少缴社会保险）。在费基上限设置方面，应向老年风险临近的人群倾斜，允许临近退休人员超过上限多缴一定额度，以增加基金积累和风险抵抗能力。

四、结合税收制度统筹调整社会保险负担

与OECD国家相比，我国的社会保险制度以免税和延迟纳税政策让利于民，使得领取待遇的实际替代率相较更高。由于缴费基数和待遇支付上调比例高、增速快，基本养老保险制度内部的收入差距有逐年扩大的趋势。建议利用免税、延迟纳税、征税等方式对社保基金收支进行再分配。在待遇领取端，为防基本养老保险待遇"不基本"，可根据社会平均工资或平均待遇设置免税上限，对领取水平超过上限的部分可征收一定比例的个人所得税，适度调节高收入人群的实际替代率。在基金缴费端，可对退休人员是否继续缴纳一定比例的医疗保险费进行深入的研究论证。目前，不少国家的退休人员都需继续缴纳医疗保险或护理保险费，或投保补充医疗保险才能享受基本医疗保险。我国基本医疗保险的保障项目不断扩大，应适时考虑建立退休人员缴费制度或半强制性的、与基本医疗保险绑定的补充医疗保险制度，减轻基金压力和财政补贴压力，提升制度的可持续性。

五、结合多元调控放大政策效用

作为民生政策的组成部分，各国社会保障制度改革都伴随着对退休政策、户籍政策、就业市场、生育政策、劳动合同政策等方面的多元调控。建议我国结合实际国情，通过延退休、促就业等多项政策调整增强基金支撑能力。在待遇调整方面，应充分考虑养老金

的刚性支付特性，由大幅普惠调整转为有重点倾斜调整，借鉴“高者低调，低者高调”的经验，以限高和定额方式调整高水平的待遇支付。在退休政策方面，延长退休年龄是人口发展必然趋势，应逐步引导社会预期，不断凝聚社会共识，小步渐近，从选择性延迟退休逐步过渡到强制性延迟退休。在促进就业方面，应以“体面劳动”“高质量就业”为导向，尊重新经济发展过程中“三新”① 就业人群的工作特性，调整社会保险体系的灵活性，以适应规模日益增加的该群体的社会保障需求，避免因制度和管理的僵化导致该群体社会保险断缴、退缴。

（执笔：朱小玉、杨宜勇）

主要参考文献：

[1] U.S. Social Security Administration. Social Security Programs Throughout the World: Europe,2018.Baltimore: U.S. Social Security Administration, 2018.

[2] U.S. Social Security Administration. Social Security Programs Throughout the World: Africa,2017.Baltimore: U.S. Social Security Administration，2017.

[3] U.S. Social Security Administration. Social Security Programs Throughout the World: Americas,2017.Baltimore: U.S. Social Security

① 指新业态、新产业、新商业模式。

Administration, 2017.

［4］李珍、王向红 . 减轻企业社会保险负担与提高企业竞争力 . 经济评论，1999（5）.

［5］周小川 . 社会保障与企业盈利能力 . 经济社会体制比较，2000（6）.

［6］刘钧 . 社会保险缴费水平的确定：理论与实证分析 . 经济研究，2004（2）.

［7］孙博、吕晨红 . 不同所有制企业社会保险缴费能力比较研究：基于超越对数生产函数的实证分析 . 江西财经大学学报，2011（1）.

［8］封进、张素蓉 . 社会保险缴费率对企业参保行为的影响：基于上海社保政策的研究 . 上海经济研究，2012（3）.

［9］朱文娟、汪小勤、吕志明 . 中国社会保险缴费对就业的挤出效应 . 中国人口 · 资源与环境，2013（1）.

［10］白重恩、吴斌珍、金烨 . 中国养老保险缴费对消费和储蓄的影响 . 中国社会科学，2012（8）.

［11］苏中兴 . 基本养老保险费率：国际比较、现实困境与改革方向 . 中国人民大学学报，2016（1）.

［12］景鹏、胡秋明 . 生育政策调整、退休年龄延迟与城镇职工基本养老保险最优缴费率 . 财经研究，2016（4）.

［13］杨俊 ."统账结合"养老保险制度最优缴费率研究 . 社会保障评论，2017（3）.

［14］郑秉文 . 社会保险费"流失"估算与深层原因分析：从税务部门征费谈起 . 国家行政学院学报，2018（6）.

［15］朱小玉 . 社保征缴改革下的费率问题：三角困局、增缴红利与降费空

间．经济研究参考，2019（1）．

[16]张斌、刘柏惠．社会保险征收体制改革研究．税务研究，2017（12）．

[17]朱为群、李菁菁．税务部门统一征收社会保险费的效率和公平探讨．税务研究，2017（12）．

[18]董碧娟．今年国家已出台超7000亿元减税降费措施．经济日报，2018.4.10.

| 第十二章 |

积极防止欧美民粹主义在国内蔓延

近年来，民粹主义思潮不仅在欧美国家登堂入室，在我国国内也迅速抬头。在《人民论坛》杂志进行的年度社会思潮评选中，民粹主义位列 2017 年关注指数和影响指数第一名，且排名自 2011 年起不断攀升。民粹主义的不断蔓延，不仅直接威胁我国社会安全，更将严重削弱我国全面深化改革的民意基础，影响改革发展稳定大局。对此问题，必须引起高度警惕。

第一节　欧美民粹主义蔓延对我国的影响

英国著名的剑桥字典将“民粹主义”定为 2017 年度热词第一名；瑞典某著名智库推出的全球民粹主义指数显示，2018 年全球民粹主义处于历史最高水平，右翼民粹主义政党的支持率在过去四年上升了 33%，平均有超过四分之一的选民投票支持民粹主义政党。这一趋势同时发生在多个世界主要经济体国家：在美国，特朗普“出乎意料”地击败希拉里·克林顿当选总统；在英国，全民公投通过脱欧协议，首相卡梅伦黯然辞职；在法国，先是极右翼政党“国民阵线”主席玛丽娜·勒庞险些入主爱丽舍宫，后是“黄马甲”运动愈演愈烈，令总统马克龙焦头烂额。全球化时代，欧美国家民粹主义的不断蔓延具有明显的外溢性，势必影响我国经济发展和社会稳定，这一问题值得高度关注。

第一，民粹主义与保护主义势力相勾连，将严重威胁我国国际经贸活动的正常开展，不利于“一带一路”倡议等国际合作项目深入推进。在民粹主义思潮影响下，欧美国家内部反全球化声音日隆，贸易保护主义的民间基础不断巩固。多个国家的民调显示，中国已逐渐被认为是经济全球化的最大受益国之一，也自然而然成为贸易保护主义的最主要针对国。一方面是日渐凋敝、不断衰落的本国制造业，另一方面则是琳琅满目、价低质优的“中国制造”充斥着欧美各大超级市场，类似现象经由大众媒体和欧美右翼政治家的不断渲染，导致社会中下阶层和产业工人群体普遍将高失业率归咎于中国，加剧了欧美国家民众对中国的敌视情绪，要求对中国施以贸易限制的呼声日益高企。具备强大民意支撑的保护主义政策一旦出台，高关税、投资限制、反倾销调查等一系列举措将对我国国际进出口贸易造成巨大挑战，势必影响中国对外直接投资的信心，不利于“一带一路”倡议等国际合作项目的深入推进。

第二，欧美国家民粹主义运动经由网络等传播媒介进入我国，可能引发跟风模仿效应，加剧社会不稳定风险。欧美国家民粹主义运动常常以示威游行、静坐抗议等颇具集体性的方式展开，但在实践中由于群体的盲目倾向，容易将运动引向暴力和对抗，诱发骚乱和群体性事件。民粹主义运动的这种集体性和话题性使其往往对特定人群，尤其是个性张扬、追求时髦、对社会问题缺乏分辨力的青少年群体显现出巨大的吸引力，容易引发相关群体的跟风模仿。互联网的飞速普及则进一步加大了上述情况出现的可能性：一方面，即时信息取代了传统的书面信息和面对面交流，便于第一时间进行组织动员；另一方面，以“虚拟性”“匿名性”和“开放性”等为特征的网络社交媒体在提供丰富信息的同时，却又泥沙俱下、鱼龙混杂，充斥着煽动性极强的谣言、软文和夸张体，一旦治理不善，往往成为引发群体性事件的“火药桶”。此外，与其他思潮和社会运动明显不同，民粹主义运动与政治的高度关联性决定了它极容易为境内外敌对势力利用，借机煽风点火、兴风作浪，加剧社会不稳定风险。当前，我国面临的国际形势和国际安全挑战错综复杂，大国之间的竞争和博弈日趋激烈。同时，我国正处在由中等收入国家迈向高收入国家的关键阶段，经济社会发展面临着前所未有的深刻转型，收入差距拉大、反腐败斗争形势严峻等一系列深层次矛盾问题日益凸显。这一阶段，必须时刻关注欧美国家民粹主义运动的最新发展，着重提防境内外敌对势力借机发挥，防范民粹主义群体性事件的发生。

第二节　积极应对欧美民粹主义的不利影响

民粹主义对民生保障和社会稳定具有严重的破坏作用，要加强引导，积极应对欧美民粹主义的不利影响。要追根溯源、正本清源，精准发力、综合施策，坚守底线、突出重点、完善制度、引导预期，健全有中国特色的公共服务体系，不断满足人民日益增长的美好生活需要，增强人民群众的获得感、幸福感和安全感。

一、推进基本公共服务均等化

一是保障基本民生需求，兜住民生保障底线。我国仍处于并将长期处于社会主义初级阶段的基本国情没有变，决定了我国民生制度建设不能超越历史发展阶段，必须首先解决发展不平衡不充分问题。保障和改善民生的着眼点应更多放在“雪中送炭”上，紧紧抓住底线和短板，更多关注薄弱环节，将底线兜牢、短板补齐，织密扎牢民生基本保障网，保障群众基本生活，促进社会公平正义。织密扎牢民生保障安全网的网底，核心在于让困难群体、弱势群体真正“弱有所助、急有所济、危有所帮”，努力兜住底线民生、保障基本民生、关注重点民生，让人民群众共建共享改革发展成果。

二是加强民生保障供需对接，增强人民群众参与度和积极性。加强民生服务供给与人民群众需求的结构性耦合，防范和化解摩擦性与冲突性问题，提升匹配度和质量效益。在民生服务供给中，充分考虑到群众对民生需求的真实意愿，在项目设计、内容安排、资金投入等方面尊重群众的选择，使供给更加契合需求。同时，既要尽力而为又要量力而行，在民生需求表达沟通中要加强引导，以民生发展规律和趋势为基准，以经济发展阶段和财力支撑为基础，使民生需求更加符合实际，避免出现不切实际的过高要求，将民生需求的灵活性与适度性有效结合起来。

三是促进城乡基本公共服务均等化。首先，加强城乡基本公共服务规划一体化。加强统筹规划和政策引导，编制并发布实施基本公共服务均等化规划，制定和完善促进基本公共服务均等化的一系列配套政策，强化政策之间的协调整合。贯彻区域覆盖、制度统筹的原则要求，以服务半径、服务人口为基本依据，打破城乡界限，统筹空间布局，制定实施城乡统一的基本公共服务设施配置和建设标准，重点保障义务教育、公共卫生与基本医疗服务、公共文化和基本社会保障。其次，加强城乡基本公共服务制度衔接与整合。从城乡制度统一入手实现基本公共服务均等化，加快形成惠及全民的基本公共服务体系。加快建立制度统一、覆盖城乡居民的社会保障体系，建立统一规范的人力资源市场，建立覆盖城乡居民的公共卫生体系、医疗服务体系、医疗保障体系和药品供应体系，促进城乡教育、医疗卫生、文化等事业均衡发展。进一步完善农村义务教育经费保障机制，逐步提高新型农村合作医疗保障水平和农村最低生活保障标准，健全城市支援农村公共服务建设的长效机制，促进城乡公共服务制度有效衔接和资源公平配置。最后，加大农村基本公共服务支持力度。进一步加大公共资源向农村倾斜力度，新增预算内固定资产投资要优先投向农村基本公共服务项目。制定并推行各类机构服务项目及其规范标准，提高农村基层公共服务人员专业化水平。鼓励和引导城市优质公共服务资源向农村延伸，包括充分利用信息技术和流动服务等手段，促进农村共享城市优质公共服务资源。

四是促进区域基本公共服务均等化。首先，落实主体功能区基本公共服务政策。以推进主体功能形成为出发点，以实现全国基本公共服务均等化为最终目标，针对不同类型主体功能区的政策作用重点，分阶段、分步骤稳步推进。近期以有利于主体功能形成的基本公共服务为推进重点，长期再逐步提高不同主体功能区的基本公共服务层次。其次，加大困难地区基本公共服务支持力度。加大对贫困地区、革命老区、民族地区、边疆地区和集中连片特殊困难地区的基本公共服务财政投入和公共资源配置力度，政府基本公共服务投资项目优先向这些地区倾斜。鼓励发达地区采用定向援助、对口支援和对口帮扶等多种形式，支持这些地区发展基本公共服务，并形成长效机制。最后，建立健全区域基本公共服务均等化协调机制。加强各级政府和各部门之间的磋商协调，保持区域间基本公共服务范围和标准基本一致，推动相关制度和规则衔接，做好投资、财税、产业、土地和人口等政策的配套协调。健全地方政府为主、统一与分级相结合的公共服务管理体制，着力加强省级政府推进省域内基本公共服务均等化的统筹职能。适应区域一体化发展要求，完善现有各类区域协调机制，强化其促进区域内基本公共服务协作、资源共享、制度对接作用。

五是明确各级政府之间基本公共服务财权事权。综合考虑法律规定、受益范围、成本效率、基层优先等因素，合理界定中央政府与地方政府的基本公共服务事权和支出责任，建立由中央和地方各级政府分类别、按比例合理负担基本公共服务的机制。中央政府主要负责制定国家基本公共服务标准和政策法规，提供涉及中央事权的基本公共服务，协调跨省（区、市）的基本公共服务问题，对各省级政府提供的基本公共服务进行监督、考核与问责。按照国家统一制度框架，省级政府主要负责制定本地区基本公共服务标准和地方政策法规，提供涉及地方事权的基本公共服务，对市级和县级政府提供的基本公共服务进行监督、考核与问责。市级和县级政府具体负责本地基本公共服务的提供以及对基本公共服务机构的监管。逐步将适合更高一级政府承担的事权和支出责任上移，增加中央和省级政府在基本公共服务领域的事权和支出责任。强化省级政府在教育、就业、社会保险、社会服务、医疗卫生等领域基本公共服务的支出责任。

六是制定基本公共服务均等化标准体系。健全国家基本公共服务体系要求，明确基本公共服务均等化的目标和范围，制定基本公共服务最低供给规模与质量标准，实行统筹城乡和区域发展的基本公共服务设施布局标准和建设标准；合理界定和划分各级政府发展公共服务的责任，建立由中央和地方各级政府分类别、按比例合理负担基本公共服务的机制；建立对各级政府履行基本公共服务的监测评价体系，并将基本公共服务均等化水平纳入政府绩效考核范围。

七是优化基本公共服务领域的资源配置。健全国家基本公共服务体系要求，各级政府要合理配置基本公共服务财政性资源，统筹协调，盘活存量，优化增量，有效整合公共服务资源。尤其是要统筹城乡基本公共服务资源配置，推进城乡基本公共服务一体化规划、建设和运营管理，促进城乡基本公共服务共建共享，努力避免城乡差距因基本公共服务非均等化而出现的代际转移。在基本公共服务资源合理配置的同时，政府要协调处理好基本公共服务的软硬件建设，特别要加强软件建设，实现基础设施建设与完善运行机制同步推进。

八是健全以流入地为主的流动人口基本公共服务制度。加快建立农民工等流动人口基本公共服务制度，逐步实现基本公共服务由户籍人口向常住人口扩展。结合户籍管理制度改革和完善农村土地管理制度，逐步将基本公共服务领域各项法律法规和政策与户口性质相脱离，保障符合条件的外来人口与本地居民平等享有基本公共服务。积极探索多种有效方式，对符合条件的农民工及其子女，分阶段、有重点地纳入居住地基本公共服务保障范围。

二、形成规范有序的收入分配秩序

一是转变政府职能，形成合理有序的收入分配关系。逐步加大公共财政对义务教育、公共卫生、劳动就业、社会保障等社会事业方面的投入，为全体公民提供最基本的公共产品和公共服务，逐步实现基本公共服务均等化。财政转移支付的重点是欠发达地区和低收入群体，要向农村地区、边远地区和贫困地区倾斜。调节过高收入、取缔非法收入和整顿分配秩序，实现收入分配秩序的稳定和公正。

二是进一步健全和完善政府对收入分配的宏观调控。强化收入分配改革统筹协调能力、收入监测技术保障能力、收入分配秩序监管能力三大能力建设。加强收入分配领域法治化进程，提高部分收入分配调节政策的法律效力，提高收入分配公开透明度。加快建立个人收入和财产信息系统。健全收入分配调查统计系统。完善城乡一体的住户收支调查制度，促进政府公益性收入分配调查统计信息的开放共享。鼓励商业化收入分配数据的公益性开发与应用。提高收入分配领域大数据对决策、监管的服务支撑能力。建立收入分配政策定期评估和动态调整机制。

三是增加农民收入，努力遏制城乡居民收入差距扩大趋势。充分挖掘农业增收潜力，积极发展品种优良、特色明显、附加值高的优势农产品，延长农产品产业链，大力培育带动力强的龙头企业，同时应推动发展绿色农业、观光农业等特色农业的发展。推动增加非农产业收入。

四是深化工资制度改革，建立规范的工资决定机制和调整机制。积极推进企业集体谈判制度，提高劳动报酬在初次分配中的比重。继续推动机关事业单位工资制度改革，逐步实行合理、规范、透明的地区附加津贴制度，逐步形成公务员工资增长的正常机制，逐步完善与事业单位类型相匹配的工资分配制度。推动垄断行业的工资制度改革，加强对国有大企业特别是高收入企业的工资管理，改进和完善工资与经济效益相联系的分配办法，加强对企业工资外收入分配的监督检查，规范行业企业的工资分配。

五是缩小区域收入差距，推动区域统筹协调发展。加快区域协调发展的战略步伐，鼓励各类投资者到中西部投资，将东部的资金、技术和人才引到中西部去，通过各种途径和方式增加中西部的经济实力。中西部地区也要充分发挥自身优势，将资源优势转化为经济增长动力。建立和完善全国统一的人力资源市场，通过劳动力的自由流动来平抑区域之间的收入差异。城镇劳动力市场应该公平地向农村劳动力开放，城市、农村内部应该打破地区之间劳动力市场的相互分割。

六是完善再分配调节措施，实现社会公平和社会公正。加强和完善税收政策对收入分配的调节作用，改革和规范个人所得税，加强个人所得税的征管力度，建立严密科学的收入调查统计体系，强化个人信用体系的约束作用，尽快开征遗产税和赠与税，对个人存量财产进行必要的调节，降低社会财富的代际转移率。完善社会保障制度对收入分配的调节机制，逐步缩小企业和机关事业单位之间的养老金待遇差距，实现养老保险关系在全国范围内的高效统一转续。加快完善覆盖城乡的最低生活保障制度，提高最低生活保障待遇标准，提高医疗救助、教育救助和住房救助的综合救助水平。

三、努力消除不稳定不和谐因素

一是创新群众权益保障方式，实现社会矛盾源头治理。增强群众权益知情权，向社会公众提供各类权益信息，让更广泛的社会公众知晓个人所应享有的各项权益以及权益受侵害时的维权渠道。拓宽社情民意表达渠道，通过公共决策的社会公示制度、公众听证制度和专家咨询制度，提高公众参与程度。切实推行政务信息公开。畅通民意收集渠道，充分发挥大众传媒尤其是互联网的社会利益表达功能，积极主动回应社会诉求。完善社会矛盾调解机制，包括事前风险排查预警、事中及时疏导转化和事后调解处置，将人民调解、行政调解和司法调解结合起来，重点解决好劳动争议、征地拆迁、环境污染、食品药品安全、企业重组和破产等引发的社会矛盾。

二是创新道德舆论引导方式，重塑社会诚信机制。加强社会主义核心价值体系建设，大力弘扬中华民族传统美德，倡导爱国守法、敬业诚信和勤俭节约，充分调动积极因素，凝聚力量、激发活力，形成全民族奋发向上的精神力量和团结和睦的精神纽带，为构建社会主义和谐社会提供精神动力和智力支持。健全国家信用管理体系，加大法律法规的执行力度和执法力度。深化和完善政府信用建设，提高政府运行透明度，强化公务员的诚信意识，提高政府公信力。健全企业诚信机制和个人诚信机制，建立信用档案，完善信用评估体系，加强信用信息共享，加大失信惩罚力度。

三是创新流动人口管理与服务方式，实现流动人口市民化。实现流动人口在居住地的基本公共服务均等化，流动人口在劳动就业、子女上学、看病就医、社会保障、住房保障等方面享受与居住地居民同等的政策待遇，促进流动人口更好地融入城市生活中去，增强其对所在城市的认同感和归属感。鼓励和引导流动人口在一定程度上进行自我管理，充分发挥老乡群体的社会网络优势，加强群体内部的交流与合作。加强流入地和流出地的信息沟通，协调户籍所在地、实际居住地和经常活动地三者之间的合作，以帮助流动人口更快更好地融入城市生活。

四是创新网络社会管理方式，提高对虚拟社会的管理水平。积极收集民众关心的热点问题，迅速了解民众的诉求并在第一时间作出回应。正视网络舆情存在的客观性、网络舆情影响范围的宽泛性和网络舆情引导机制的重要性，对民众特别关心的问题要及时公开，或者以负责任的态度来处理。政府主动与网络媒体建立良好沟通合作关系。加强网络安全管理，创新监管方式，使人们能够放心、安全地利用网络。

五是创新社会治理宏观调控手段。要不断完善规范政府行为、保障公民权益、促进社会公正、推动社会发展的社会法规体系，制定各种满足社会发展需要的有针对性的社会政策。着力建立与经济社会发展阶段相适应的社会公共服务体系，建立更加完善的社会公共服务体制。完善社会治理的政绩考核机制，建立科学的社会治理综合评价体系，把社会治理核心指标纳入各级政府的考核体系，全面落实社会治理的约束性指标，建立相应的责任追究制度。不断创新社会治理宏观调控手段，综合采用经济手段、法律手段和行政手段，更多地采取间接调控方式，尽量减少直接行政干预。

六是合理配置社会治理公共资源。进一步加大社会治理的公共资源投入，避免出现区域差距和城乡差距，实现社会治理的均等化、合理化。构建财权与事权相匹配的社会事务公共资源配置体制，为社会政策和社会治理提供资金配套，减少只给政策不给钱的做法。推动公共资源社会投入配置重心向下，注重充实基层财政，有效提高基层政府提供治理和服务的能力，并把基层政府的工作重心转移到社会治理和公共服务上来。

（执笔人：杨宜勇、邢伟、王哲）

主要参考文献：

[1] Munro, Andr é . Populism. Encyclopædia Britannica, 2017.

[2] Stig Hjarvard.The Mediatization of Society，Nordicom Review, 2008.

[3] Litvan, Laura. The Sentient Circus Peanut and Sanders Shift Mood in

Congress Against Trade Deals. Bloomberg, 2016.

[4] Brodwin, David. Nobody Wins a Trade War. U.S. News & World Report, 2016.

[5] Fontaine,Richard;Kaplan Robert D.How Populism Will Change Foreign Policy. Foreign Affairs, 2016.

[6] 本杰明・墨菲特、西蒙・托米 . 对民粹主义的再思考：政治、媒介化和政治风格 . 政治研究，2014（2）.

[7] 赵聚军 . 福利民粹主义的生成逻辑及其政策实践：基于拉美地区和泰国的经验 . 政治学研究，2015（6）.

第十三章

诚信社会建设面临的风险及对策

“国无德不兴，人无德不立”，诚实守信是中华民族几千年来的传统美德，也是我国社会主义核心价值观的重要内容之一，是构建社会主义精神文明和和谐社会的思想支撑。诚信社会建设已成为当前我国社会治理的关键问题之一，但是从中长期发展来看，我国仍面临较为严重的社会诚信缺失问题，不仅影响到个人安身立命，更制约着社会良序发展和经济稳步前进。

第一节　诚信社会建设存在的问题

一、个人诚信问题

个人诚信是社会诚信最直接的表现，是社会诚信的基石。社会成员作为个体，在与其他社会成员、集体和社会的交往互动关系中，只有以诚相待、诚信为本，才能收获良好的人际关系，获得应有的社会资源。但是，仍有部分社会成员公德意识薄弱，或存在意识和行为表现上的自相矛盾，影响个人信誉，有损他人利益，危害社会秩序。

近年来，网络上多次出现的有关“不敢扶”“扶不起”等“扶摔倒老人反被讹”的讨论，将社会诚信问题推上舆论中心。有讨论称，此类“扶摔倒老人”“被碰瓷”事件的屡屡重演无疑让人与人之间更难以信任，社会变得更加冷漠。诚信缺失引发社会价值观扭曲，本应相互信任、互帮互助的社会在一次次诚信危机事件后变得越来越难以相互信任。诚信危机不仅拉大了人与人之间的距离，扰乱社会正常秩序，污染良好的社会风气，也影响了社会舆论的走向，不利于青少年树立正确的价值观和身心健康发展。

此外，当今社会仍然有一些人利用合约的不完备性，进行逆向选择以破坏和逃避合约内容，这同样有悖道德观念，甚至触犯法律底线。为获取某种利益，“假结婚”“假离婚”甚至“租对象”等现象在当今社会已不足为奇；“老赖”“失信人”“贷款黑名单”和“信用卡恶意透支”等因个人诚信缺失出现的他人和社会经济损失问题已经制约了我国法治社会的建设。一些失信问题发生在亲朋好友和熟人身上，例如利用虚假宣传、恶意洗脑等方式诱导亲朋加入传销组织，向熟人兜售次等商品等不诚信现象。偷逃税款、骗取保险、虚假广告、盗版文化产品、明星假唱、球星打假球等屡禁不止，不仅造成了社会信用链条的中断，破坏了市场机制和市场经济规则，并且容易产生“老实人吃亏”等不正确思想，加大整个社会的道德风险，导致社会道德水平下降，甚至使广大群众的生命安全和财产安全都得不到保证。

二、商业诚信问题

商业诚信是我国诚信社会建设的核心，更是经济社会良好运行的基础。在建立市场经济体制的过程中，由于一些问题疏于管理，导致经济活动中的诚信缺失现象逐渐增多。据统计，我国一些企业因为信用不高乃至失信而导致的直接和间接经济损失高达千亿元，直接对我国经济发展产生不利影响。目前，一些地区和行业的企业失信风气蔓延，经济纠纷案件数量居高不下，严重扰乱了经济活动的正常开展和社会的良好运行。

企业诚信缺失的另一个突出表现是，将假冒伪劣产品流入市场，意图隐瞒、欺骗消费者以追求企业自身利益的最大化。许多消费者因为担心产品质量没有保障，不敢在小型超市购买食品，假冒伪劣商品已成为最常见的失信行为之一。一些企业没有把诚信经营作为立足根本，出现以次充好、虚假宣传、隐瞒欺诈等问题，不仅使消费者财产遭受损失，更是对消费者生命安全的严重威胁。

三、政府诚信问题

政府信用是诚信社会建设的保障，是信用体系最后的保障线。只有政府做到诚实守信，得到民众的真正信服，才能确保经济社会活动得以顺利进行。我国一直致力于建设诚信政府，但目前仍有部分地方政府存在管理失位问题，例如行政承诺无法兑现、滥用行政权力、公共服务职能缺位、朝令夕改等，需要引起有关部门的重视。

一些地方政府为吸引投资商和企业的入驻，在招商引资的时候会承诺一些优惠条件，但近两年，因招商过程中涉及的行政允诺行为引发的行政争议却逐渐增多，需要引起高度重视。有的地方政府在出台政策时存在朝令夕改的现象，政策缺乏稳定性，很难得到人民群众的信赖。有的地方政府换届之后出现“新官不认旧账”，导致一些已经执行或者正在计划中的政策项目因人而废。清廉是对政府公务人员的最低要求，要时时刻刻以服务人民来要求自己，以诚实守信来监督自己。

第二节　导致社会诚信滑坡的原因

一、社会诚信体制不健全

诚信道德品质的形成是外部环境与人的主观能动性相互影响的结果。目前，我国绝大多数中小学和高等院校都增设了道德教育课程，但一些课程仅流于表面，不具备针对性和实质性。一些有关诚信的教育活动只是在有限的时间内开展，活动缺乏延续性。有的学校已有的诚信道德教育还停留在道德认识问题上，忽视了对个体道德情感的培养和与现实生活情况的结合，对学生诚信行为、诚信思想和诚信意志的培养不够，缺乏对真实诚信问题的情景体验。

虽然我国已将个人征信和企业诚信指标作为提升社会诚信建设的重要举措，但个人和企业的信用档案多数仅局限在经济领域，并没有建立完善、合理的社会信用评价体系，难以将其他社会行为纳入诚信评价体系。一些违背法律法规、不兑现承诺和不遵守公共道德的现象涉及社会交往、商务交易和司法公信等领域，同样需要建立相应的诚信评价指标体系。此外，目前我国关于诚信的认识仍停留在道德范畴，没有与法律形成有效联结，“执法不严”、处罚力度小使失信成本变低。一些失信违约行为只是通过罚款的方式简单处理，失信者并未得到必要的惩罚，导致一些人或企业故意钻法律空子。由于没有客观的信用评价体系，失信成本低，导致一些领域"劣币驱逐良币"现象的出现，在一定程度上迫使原来守信企业和个人也逐步走向失信。部分执法人员也缺乏相应的法律意识，对于重大的信用缺失问题没有制定有效的治理措施。

二、诚信道德建设脱位及功利主义泛滥

我国社会转型带动了社会公共领域的扩张，意味着人们的经济和社会活动日趋增多，交往和联系也变得更加频繁，但一些社会道德规范却在转型背景下出现"失位"现象。在自给自足的小农经济时期，社会对货币没有强烈的欲望和依赖。在改革开放前的计划经济时期，社会对金钱也没有很大的刚需。而进入市场经济时期特别是国际化的商品经济时代后，一些人为了使利益达到最大化，忽略了诚信的约束，导致某些领域出现道德失范、文化危机和信仰危机等。

市场经济大潮也冲击着我国传统生活方式与观念，对物质利益的追求使得趋利性成了社会的常见现象，利与义之间的冲突和矛盾也越来越多。利益驱动机制使人们重效率、讲效益，但同时也导致一些人重利轻义、唯利是图，甚至是见利忘义。

三、媒体的过度渲染和舆论的不良影响

媒体对个人价值观和社会风气的形成与走向有一定的导向作用，应该着重弘扬主旋律、报道真善美，对失信现象进行真实、公正、

合理的报道。但是，当前有的媒体尤其是网络自媒体在报道中片面夸大，集中关注社会阴暗面，营造出一种“人与人之间变得不可信任”的错误舆论。南京“彭宇案”之所以造成如此大的社会影响，并且让舆论一边倒地认为是老人无故冤枉欺诈，正是一些媒体故意报道片面信息，并没有向公众公布彭宇的确撞到老人的事实。此类报道无限放大了不诚信社会，对诚信社会建设和公民诚信的信心造成颠覆性伤害。

媒体的夸大报道和虚假宣传本身就是一种失信行为，对一些个人和商业失信行为进行宣传播报更是有损诚信社会建设。例如，所谓的“神医”“神药”“无息贷款”等虚假产品信息多数是由电视和网络媒体报道的。一些媒体非但没有承担起监督失信行为的作用，反而助长了此类不良行为，无疑是社会信用滑坡的无形推力。

第三节　积极建设诚信社会的对策建议

目前，我国在诚信社会建设中仍存在一些漏洞和不尽如人意之处，未来需要构建完善的社会诚信体系，以道德诚信教育为基础，以公开透明的政务公信力为引领，以法律法规的约束力为保障，以完善的社会诚信档案为依据，多管齐下，积极建设诚信社会。

一、拓展诚信教育，树立诚信意识

诚信是和谐社会的基石。要强化诚信意识在社会道德体系中的地位，发扬优良传统道德文化的作用，做好有关深入挖掘、重新诠释传统诚信文化的工作。我国的传统文化思想蕴含着“言必信，行必果”的做人态度，“言而有信，以诚相待”的交往原则，“诚信无欺，取信于民”的执政理念，是值得公民树立和践行的道德准则。我们要充分认识到传统文化中诚实守信的作用，发挥传统美德的资源优势，在全社会积极开展各类普及教育活动，营造诚实守信的社会氛围。在学校、企业、单位以及社区内开展优秀传统文化学习教育工作，利用现代媒体通信手段开展诚信宣传教育，努力营造“人人讲诚信、事事重诚信、处处有诚信”的社会氛围。

学校的道德教育需要与时俱进并与实际情况相结合，除了基础的理论教育，还应当在实践教学方面投入更多的精力。诚信品质的养成有赖于平时生活学习中的渗透，老师在讲解传授优秀诚信道德文化的同时，还可以对当前社会中存在的失信现象进行分析，让学生树立正确的价值观念，不做违背诚信道德的事情，同时也知道在遇到失信情形时如何去解决。诚信教育应该从小抓起，建立学生诚信档案，记录学生在校期间的表现行为，一方面起到约束作用，另一方面引导学生逐渐养成良好的诚信习惯。此外，学校应完善评议制度，学生评价体系不应“唯成绩论”。要鼓励学生思想道德上的进步，避免学生出现趋利思想，使学生树立严谨治学的学术思想，形成良好的学术道德和治学风气。

企业及其员工要深化社会责任意识教育，树立诚信生产、诚信经营意识。当前，经济社会转型需要企业加强对员工的社会责任意识教育，树立集体和团队观念，使员工充分履行社会责任，不生产不售卖虚假冒牌产品，对出现的失信行为责任到人、奖惩分明，形成内在动力机制。

此外，要加强消费者的维权意识和分辨真伪的能力。部分消费者在购买到假货时选择“花钱买教训”，助长了不良商家的不法行为。要加强《消费者权益保护法》《食品安全法》等有关法律的宣传，例如定期走进社区乡镇基层进行宣传普及，也可以通过网络公众号发布消费者权益保护知识和案例，对假冒伪劣和不合格产品进行展示，在引导消费者维权意识的同时提高他们的辨别能力。

二、提高政府部门的社会公信力

政府行为影响着公众和社会规范，具有表率和引导作用。政府诚信与否，对公民、企业乃至整个社会都会产生深远影响。政府的公信力和执行力直接影响了和谐社会进程和可持续发展，因此，加强政府诚信建设迫在眉睫。

首先，创建廉洁政府，全面接受法律和社会舆论的监督。将诚信指标纳入公务员考核晋升的评价体系，加强政府诚信监督机制的纵向完善，明确中央和地方关于事权、财权的分配，增加政府及公职人员的失信和犯罪成本，有罪必究，究则必严，以便对有失信倾向的公务员起到警示作用，防止发生渎职、受贿、不作为等失信行为。充分发挥新媒体的监督作用，既要大胆承认失信现象，也要及时解决失信问题。健全媒体监督保障机制，可以通过微博、微信公众号等新媒体手段拓宽民意表达渠道。

其次，改进各级政府机关的办事效率和作风。以人民为中心，切实履行职责，建立科学的行政决策机制。政府各部门要相互配合，彼此监督，减少“朝令夕改”“随意执法”等有损政府形象和公信力的事件。建立政府财政能力评估体系，引入社会第三方或专业的监督团队对地方政府财政能力进行评估论证，根据财政情况设立政府风险管理赔偿金，减少政府债务纠纷。此外，各级政府要摒弃传统政商关系，在制度化、法治化的基础上平等独立、相辅相成、优势互补，构建符合新时代要求的健康的政商关系。

三、强化法律约束机制，完善社会诚信档案

诚信的道德规范属于软约束，强调社会成员的严于律己和自我克制；而法律的制度规范属于硬约束，具有明显的强制性和他律性。要加强诚信法治建设，明确诚信规范，建立有效的预防、控制和惩戒失信行为的法律法规，让法律为诚信保驾护航。要使失信行为、信用纠纷问题的解决实现有法可依、有法必依、违法必究、执法必严，将诚信社会建立在牢固的法律基础之上。要强化诚信的法律意识和法律观念，牢固树立“在宪法和法律的准允范围内活动”的意识。既要培育公民的诚信自律能力，也要用法律来约束容易失信的部分人群。积极修改完善整个社会统一的信用信息征集、管理与评估制度，建立公开、便捷查询个人、企业诚信指数的信息平台。

（执笔人：杨宜勇、党思琪）

主要参考文献：

［1］冯颜利、吴兴德．中国社会诚信体系建设的问题与对策．廉政文化研究，2012（1）．

［2］纪新华．关于“诚信危机”的思考．北京理工大学学报（社会科学版），2002（1）．

［3］焦国成．关于诚信的伦理学思考．中国人民大学学报，2002（5）．

［4］韩丽君、李武生．社会诚信问题研究述略．重庆科技学院学报（社会科学版），2015（3）．

［5］李宗徽．略论当前我国社会的诚信问题及对策研究．东北师范大学，2013.

［6］齐浩铭．我国当前社会诚信缺失问题及对策．北京邮电大学，2017.

［7］曾明．法治政府的目标体系及建构路径：学习习近平总书记关于法治政府建设的重要论述．吉首大学学报（社会科学版），2018（3）．

［8］张志豪．地方政府在经济发展中的诚信问题探析．汉江师范学院学报，2019（2）．

第十四章

生态保护类县域经济体转型的风险应对

“郡县治，天下安”，县级政权一直处于我国治理体系的枢纽位置。曾有学者指出，改革开放后我国经济腾飞主要因为县级地方政府的竞争，并将其概括为“GDP 锦标赛”机制。当前，我国经济社会发展进入新时代，由以往只注重经济发展转变为现在的经济建设、政治建设、文化建设、社会建设、生态文明建设“五位一体”全面发展。其中，生态文明建设作为以往县域经济体发展中的短板亟待补齐。县域政府作为承上启下的一级政府，其既是落实国家发展战略的基石，又是社会治理创新的实践场域，具有一定的自主性。在补齐生态文明建设短板过程中，县域政府如何未雨绸缪应对潜在风险，防范其演变成狂奔的“灰犀牛”，值得有关部门和相关人员深入思考。

本章以云南省澄江县为分析样本，考察生态保护类县域经济体转型的风险防范。澄江县地处我国重要的战略备用水资源保护区，属于典型的生态保护类县域经济体。分析澄江县在生态保护中如何转型、有何风险、如何应对的经验教训，对国内其他类似区县具有一定借鉴意义。

第一节　加快生态保护类县域经济体转型

一、构建产业新格局

2016年1月1日，抚仙湖径流区正式由澄江县统一托管，要求抚仙湖水质总体保持在I类，客观上加快了澄江县向生态保护类县域转型的进程。抚仙湖要保持I类水质，则澄江县高污染高耗能的产业必须停产或改造。基于此，澄江县对产业结构进行了较大调整，制定了“优一精二强三”的产业发展思路，构建以生态旅游为支柱的产业新格局。在工业方面，磷化工产业曾经对澄江县的GDP贡献较大，但是污染也较大。为了抚仙湖的生态保护，县政府对大多数磷化工矿场进行了关停，并花费巨资对剩余的磷化工矿场进行改造，进一步节能减排，向精深加工转型。建筑建材业属于能耗污染较大的行业，澄江县也整体进行了转型升级，进一步加快淘汰落后、过剩产能的步伐。在农业方面，为了防止化肥农药对水质的污染，澄江县将抚仙湖径流区5.8万亩土地全部流转休耕轮作或发展生态农业，并大力发展蓝莓、荷藕、景观苗木等污染较少的高原特色现代生态农业和特色庄园经济。在第三产业方面，充分利用抚仙湖的生态资源，完善环湖旅游基础设施，将旅游产业建成全县支柱产业和新的经济增长点。澄江县利用国家转移支付资金和自筹资金，建成抚仙湖环湖观光栈道、寒武纪乐园、太阳山等重大旅游文化项目，加大生态公园、人工湿地、公共绿地等休闲场所的维护与建设力度，积极创建国家AAA级旅游景区。积极开拓会议经济，成功举办东盟十国外长会议、南亚合作论坛、国际高原超级马拉松等活动。

二、开展环境综合整治

澄江县坚持“生态立县”战略，全力开展抚仙湖环境综合整治。湖泊径流区人口稠密，人为活动频繁，这对湖泊生态安全构成了巨大威胁。据测算，抚仙湖边仅一级保护区到环湖路外侧50米范围内就有居民2.8万人左右。这一区域内每年产生生活污水约50万吨、垃圾5000吨。农业农村生活污染是抚仙湖最主要的污染源。针对这一情况，澄江县启动了“四退三还”工程，对抚仙湖沿湖岸最高水位线以上100米宽度不等的陆域范围，实施退人、退房、退田、退塘和还湖、还水、还湿地，其中，抚仙湖一级保护区内涉及的6个镇（街道）55个自然村的9000户居民，2.8万人全部退出。此外，澄江县还推进径流区截污治污全覆盖，重点对城镇中心区、保护区、径流区、工业园区等区域开展污染防治，开展农村生活污水处理及人居环境提升工程，122条河湖库渠实现县、镇、村三级河长全覆盖，中心城镇、主要河道、交通沿线污染排放全面达标；完成11家中央和省市县属企事业单位、16家私企退出一级保护区工作；实施径流区1544户餐饮住宿业商户专项整治、塑料薄膜大棚拆除、畜禽养殖关停搬迁等工作。

三、加强基础设施建设

澄江县围绕抚仙湖做文章，以湖定城，重新规划，加强基础设施建设。由于加强抚仙湖生态保护以及生态移民搬迁等需要，原有的规划不再适合，澄江县城乡协调发展围绕建设“三个国际城市”目标。以抚仙湖为核心，重新设计县城、集镇和村庄规划，形成了以“一城三镇八村”为重点，涵盖全县418个自然村，县、镇、村三级全覆盖的完整的城乡规划体系。澄江县虽然背靠抚仙湖，但是由于是战略储备水源，不能在抚仙湖中取水，因此还必须加强水利设施建设，实施抚仙湖坝区4.1万亩农业高效节水减排项目、农村饮水安全巩固提升工程、7个贫困行政村水利脱贫攻坚工程，落实严格的水资源管理制度——“节水型社会建设”省级示范县实施制度。交通是发展旅游业的关键因素，澄江县着力推进“五网”基础设施建设，“三环六联多辐射”综合交通网络建设全面加快，澄川高速公路稳步推进，呈澄高速公路、昆明东南绕城东南段高速公路（宜良至澄江段）建成通车，“三纵三横”县内旅游基础设施及环湖公路提升改造工程积极推进，梁王大道、仙湖大道、中山大道完成改扩建通车，稳步推进村村通农村公路建设工作，全县公路通车总里程达1446.44公里。信息网络建设逐步推进，实施“互联网+”行动计划，推进“宽带乡村”工程建设。物流配送体系逐步完善，推进物流园区和物流配送中心建设，形成高效的物流配送网络；扎实开展“四治三改一拆增”和“七改三清”行动，协同推进环境卫生、交通秩序、市场秩序、拆临拆违、行业规范、基础设施查缺补漏，城市精细化管理水平显著提升。

四、加强民生保障

澄江县自身民生保障资源相对薄弱，在引进外来资源上做了不少工作。澄江县坚持教育优先发展，积极引进抚州教育集团，加强合作办学力度，积极整合各级各类教育资源，教育质量和水平不断提升。澄江县利用环境优势，积极申报国家区域医疗中心，并引进中山大学附属医院、上海六院合作办医，一方面提升本县的医疗保障水平，另一方面把医养产业作为未来的经济增长点。澄江县积极申办举办各类体育赛事，将得天独厚的生态环境与体育运动赛事、全民健身计划等相结合，既能推动居民参与体育运动，又能拓展澄江县和抚仙湖的知名度。澄江县还大力开展精准扶贫工作，动员社会各方力量，累计投入财政资金 1.5973 亿元，严格落实“五个一批”，扎实开展“挂包帮”“转走访”和“万企帮万村”精准扶贫行动，脱贫攻坚巩固提升成效显著，贫困发生率降至 1% 以下。澄江县内部挖潜，整合资源，完成城镇职工、居民医保和新农合经办机构的职能合并改革，推进社会救助体系建设，切实加强低保政策的落实。

第二节 生态环境保护和发展面临的风险

一、生态环境保护与发展的矛盾

澄江县生态环境保护投入巨大，县级政府举债进行生态保护。2016—2018年，澄江县各级财政累计投入生态环保和抚仙湖保护资金24.47亿元。截至2019年7月，澄江县因抚仙湖保护治理形成的相关债务共67.79亿元（其中存量债务22.95亿元、隐性债务44.84亿元），占全县债务总额的62.68%。澄江县生态保护支出大，但经济发展相对乏力。近年来，澄江县为了环境保护关停了部分磷化工等工业企业，而随着可出让土地资源减少、房地产开发项目受限和抚仙湖保护力度的加大，短时间内无法培植新的可替代财源，财政收入可能出现断崖式下降。

二、基础设施建设与基本公共服务短板

澄江县城乡建设资金缺口较大，基础设施建设推进缓慢。澄江县虽然采取多种融资渠道、搭建融资平台来推动城市基础设施建设，但因地方财政资金有限，城市基础设施建设负债大，加之其全国农村污水治理示范县建设、“十三五”水污染综合防治项目、新城区路网建设、生态移民搬迁等项目资金缺口较大，项目推进困难。且澄江县部分已建成的生态项目存在着管护难、管护不到位、缺乏管护

资金等问题，导致部分项目存在工程损毁和侵占，未能充分发挥作用。特别是部分湿地由于建成时间较长，底泥淤积形成黑泥层，由于日常管护不具备湿地底部淤泥清理、水生植物补种清理等技术条件，导致形成二次污染源，有破坏水环境的风险。由于水质保护，全面禁止从抚仙湖取水，引入外径流区的水来供群众生产、生活，工作投资大、成本高，后期执行水价会让群众难以承受，存在一定社会风险。澄江县有近一半的人口居住在农村，村庄大多处于山大沟深困难地区，农村基础设施落后、生活居住环境较差、产业配套设施与服务缺乏。贫困村交通通畅任务仍然艰巨，投资大、建设难度大，农村社会公共服务面临多重短板。

三、劳动力转移与增收创收

由于抚仙湖径流区保护和棚户区改造，澄江县需要进行土地流转，将会产生大量失地农民。据测算，澄江县土地流转涉及约 12 万名农民，相当一部分无其他生活技能和生活来源，且 50—70 岁年龄段的占比不低。县域农户不愿外出务工问题突出，加之抚仙湖流域全面退出了畜禽养殖、拆除了塑料大棚，进一步减少了县域就业创业路径，缩小了就业创业范围。如何安置和分流闲置劳动力，保障农村经济转型，成为澄江县工作的难点和重点。虽然县政府已制定了产业结构调整、外出租地、外出务工等奖补政策，强化了劳动技能培训和劳务输出，并在招商引资合作协议内设置条件，要求投资方就近就地用工，但执行难度大。同时，由于转移劳动力多属自发性、盲目性，使得外出务工人员的权益保障具有一定困难，不利于增收创收。

四、偿债压力与债务风险

抚仙湖保护资金投入大，而且资金主要来源于借债，后期存在较大的债务风险。首先，从2019年起，云南省政府将抚仙湖保护专项债券还本付息的资金由省财政承担调整为澄江县自行承担，县级偿债压力剧增。其次，地方政府债务率还将持续增长，2019年澄江县启动的环湖棚户区改造暨生态移民搬迁安置项目预计总投资为99.2亿元，根据现行政策法规及投资体量只允许发行42亿元专项债券，还需要通过其他融资渠道解决资金。再次，从2019年开始，澄江县进入偿债高峰期。截至2019年7月，政府债券余额37.13亿元。未来五年，澄江县需还本付息23.75亿元。随着抚仙湖环湖棚改专项债券的发行，澄江县每年还本付息支出将成倍增加，县级可用财力根本无法保障债券资金还本付息支出。最后，土地财政不可持续。土地出让金是偿还地方政府债务的主要来源，但由于受调控政策影响，土地出让收入不稳定。

五、农村地区及农业发展动能不足

截至2018年底，澄江县城镇化率仅为51.7%，广大的农村地区及农业发展动能不足。一是农业产业发展不充分，特别是蓝莓、荷藕等特色优势产业发展放缓，农业产业生态化、规模化、标准化、产业化、品牌化进程缓慢，农产品精深加工没有明显改善，产业链没有形成，农业附加值难以提升。二是农业新型经济主体数量不足、质量不高，对农业发展、农民增收带动作用不明显。三是城乡之间要素合理流动机制亟待健全，持续深化农村改革难度不断增大，吸引人才返乡创业就业力度不够，“三农”队伍工作人员和专业人员缺乏，乡村发展缺乏活力。四是乡村治理体系和治理能力亟待强化，村民自治、乡村德治和法治水平有待提升，移风易俗、破除陈规陋习力度不够，群众性精神文明建设还要进一步加强。

六、生态移民搬迁和土地流转存在不稳定因素

澄江县抚仙湖大规模的环湖棚户区改造暨生态移民搬迁，可能导致不稳定因素的产生。2014 年全县启动抚仙湖北岸生态湿地项目工程，将沿抚仙湖的龙街街道广南营一组、二组和右所镇马房村五组、六组共 457 户 1498 名沿湖群众迁离抚仙湖。2017 年，龙街街道广龙社区沿湖而居的 12 个村民小组 6100 余名村民全部搬离抚仙湖一级保护区，移至环湖公路外新建的广龙旅游小镇。为了保护抚仙湖，抚仙湖一级保护区内“四退三还”的面积正在逐步扩大。2019 年，沿抚仙湖（含托管区）8143 户 2.2 万名村民一次性启动搬迁。抚仙湖生态移民搬迁减少了人为活动对湖滨带的破坏，也符合澄江县打造“一城三镇八村”的城市化格局。但是，大面积搬迁涉及村民众多，有的村民对搬迁政策了解不全面，对搬迁补偿方案不认同，部分搬迁户不听搬迁工作组工作人员入户宣传，有强烈抵触情绪，影响社会稳定。2018 年起，澄江县全面启动抚仙湖径流区土地流转休耕轮作工作，全面推进坝区耕地休耕及种植结构调整。坝区农民失地，常年在土地里劳作的农民突然失去收入，每年的租地

款不足以维持整个家庭开销，同时也出现租地款资金兑付不及时等情况，可能导致不稳定因素的产生。

第三节　转型的风险应对及未来发展思路

一、实现绿色跨越与可持续发展

“绿水青山就是金山银山。”绿水青山转变为金山银山需要一个过程，澄江县在向生态保护类县域经济体转型的过程中存在发展和保护的矛盾，这也是很多类似区县面临的问题，其本质是短期利益和长期利益的关系问题。

澄江县未来应继续落实“保护第一、治理为要、科学规划、绿色发展”的总体思路，着力打造“抚仙湖生态圈”，促进抚仙湖系统保护、综合治理，坚定不移推进“四退三还”，全面落实河长制，加快入湖河道截污治污，全面启动抚仙湖一级保护区生态移民搬迁工程，全力打造“森林抚仙湖”，加强流域生态功能修复，确保抚仙湖保持I类水质。

澄江县在产业方面应因地制宜，贯彻落实新发展理念，加快产业转型升级。重点发展高端康养、会议会展、观光农业、现代物流四大产业。加快培育高端旅游新业态，加大旅游基础设施配套，提升抚仙湖区域“深度游”体验及“度假游”服务品质，打造国际旅游城市品牌。加快发展大健康产业，建设国家区域医疗中心，将高端优质医疗资源与养生休闲旅游相融合，构建“大医疗＋大养生”双核全产业发展模式。承办具有国际影响力的会议赛事，打造国际经济文化交流合作中心和国际专业型会议论坛举办地。结合土地休耕轮作，创新经营模式，持续发展蓝莓、荷藕等特色产业园，培育创意农业、休闲农业新业态，重点发展田园综合体、庄园经济，促进一、三产业融合发展。加快发展现代物流，实施大交通、大物流战略，加快推进中国东南亚食品商贸仓储物流港项目，构建滇中现代物流产业基地。

二、推动城乡一体化发展

基础设施是基本公共服务的载体，是基本公共服务的硬件。当前，国家的两个大战略——新型城镇化和乡村振兴战略——都需要推进城乡基础设施建设和公共服务发展。对于县域政府来说，补齐基础设施和公共服务的短板不仅仅在城市，更关键是在农村。当前，澄江县城镇化率仅为50%，其未来十年城镇化率还要增长20个百分点左右。澄江县发展生态保护类县域经济体，需要继续推动生态移民搬迁工作，因此要积极补齐基础设施和公共服务短板，促进城乡一体化发展。

下一步，澄江县要统筹推进规划布局和建设，加快沿湖居民搬迁安置，严格控制湖边村落数量和体量，优化功能布局，扩大城市容量，提高城市承载力，促进人口聚集、特色产业聚集，将产业与城市功能融合、空间整合，以城带产、以产兴城，推动产城融合、城乡一体化发展。完善城乡功能配套，加快高速公路建设，加快乡村公路建设，构建城乡客运一体化网络，形成畅通便捷的综合交通网。实施智慧城市建设，加快撤县设市工作，推进城乡精细化管理，打造同国际城市相匹配的专业化市场。深入推进全国文明城市创建工作，围绕治理痛点难点焦点问题，持续提高群众文明素质和城市文明程度，推进全域创建常态化。建立城乡环卫一体化长效工作机制，实现城乡环卫和垃圾村收、镇运、县处理模式的全覆盖。加强城乡公共卫生服务一体化建设。建立城乡统一的劳动就业服务平台，以举办大型招聘会和随时发布用工信息等形式，实现用工与求职信息的无缝对接。

三、促进失地农民就业增收

失地农民现象是由于生态移民搬迁而产生的，而生态移民搬迁又是开展生态环境保护的必然措施。因此，失地农民是生态保护类县域经济体转型的必然现象。数以万计的失地农民给县域政府带来较大压力，也是考验县域政府治理能力的挑战。

促进失地农民就业增收是一项综合工程，需要政府牵头，多措并举，落实组织，强化领导，成立农村富余劳动力转移组织机构。由专门机构负责，做到层层有人抓、块块有人管、事事有人办。各级有关部门要统一领导、分工协作、各负其责、密切配合，共同推进农村富余劳动力转移工作的顺利实施。制定农村富余劳动力转移规划和实施方案，使全县农村劳动力培训和转移既有长远计划性，又有现实可操作性，形成各相关部门积极配合、任务明确的工作格局，保证农村劳动力转移工作的顺利开展。大力发展本地经济，不断拓宽农村富余劳动力就地安置的空间。只有经济发展了才能创造更多的就业岗位，吸纳更多的农村富余劳动力。加大对非公有制经济的扶持力度，加快发展农副产品加工业，培育壮大农产品加工龙头企业，扩大辐射带动面，为农村富余劳动力提供更多的就业岗位。突出抓好职业技能培训，促进农民工向技能型转变。

四、防范地方政府债务风险

防范地方政府债务风险应积极加强制度建设。下一步，澄江县应将地方政府债务收支纳入预算管理，严格执行预算统一管理制度，积极发挥财政预算的监督作用。建立债务规模控制上限制度、偿债准备金制度、风险评估制度，推动地方政府债务风险监控指标体系建设。制定化解债务风险工作方案，妥善处理存量债务，严格控制新增债务，有效防范债务风险。规范地方政府投融资平台运行，合理发挥债务杠杆效应。建立健全地方政府债务管理体制，加强融资平台债务集中统一管理，明确偿债主体并完善风险缓释措施。鼓励社会资本灵活参与基础设施建设，减轻地方政府债务扩张压力。

五、激发农业农村新动能

要持续深化改革，因地制宜，寻找新的发展点，激发农业农村新动能。大力发展生态观光农业，促进农民增收致富，以抚仙湖径流区土地休耕轮作和面山植被恢复项目实施为契机，优化产业发展空间布局，积极培育农业特色知名品牌，不断提升农产品品牌附加值。围绕打好绿色品牌，突出标准化、规模化、产业化、品牌化，抓好农业特色庄园和田园综合体规划建设。依托各类物质和非物质资源富集的独特优势，积极发展乡村旅游、文化体验、森林康养、创意农业，全力推进农村一、三产业融合发展。全面完成土地承包经营权确权登记颁证工作，探索农村承包地和宅基地“三权”分置制度，全面启动农村集体产权制度改革，保障农村新产业新业态发展用地，全面激发乡村振兴内生动力。连片打造产业特色鲜明、人文气息浓厚、生态环境优美、多功能融合的美丽宜居乡村，让人民群众在宜居的环境中获得幸福感。

六、积极化解不稳定因素

澄江县在向生态保护类县域经济体转型的过程中，要大范围开展征地和生态移民搬迁，难免有群众不理解、不认同，感觉侵犯到个人利益，可能会发生群体性事件，给县域稳定带来压力。积极化解不稳定因素，要进一步强化基层治理，以人民为中心做群众工作，小火慢炖，化解不稳定因素。澄江县应加快建立健全党委领导、政府负责、社会协同、公众参与、法治保障的现代基层社会治理体制，健全自治、法治、德治相结合的治理体系。加强农村基层党建，以“仙湖卫士”引领“全域党建、全域生态、全域创新”新格局，深化村民自治实践，充分调动农民参与村民自治的积极性、主动性和创造性，建立道德激励、约束和评价机制，让乡村社会既充满活力又和谐有序。

（执笔人：赵玉峰）

主要参考文献：

［1］刘超伟．新常态下失地农民的再就业培训：以广西为例分析．党政干部学刊，2018（3）．

［2］张毅、郝彦宏．发展中的农民之困："千村调查"系列报告．调研世界，2015（11）．

［3］吴楠等．生态保护红线区干扰退化风险评价：以安徽省为例．生态学报，2020（16）．

［4］徐鹤等．基于"三线一单"的生态环境风险防范框架．环境保护，2019（19）．

第十五章

未来防范化解社会发展重大风险的核心思路

“十四五”时期是新发展阶段的开局起步期，是我国实现更高质量发展的关键时期。在这一重要时期，防范化解社会发展重大风险，确保经济社会平稳运行，具有重要的战略意义和实际意义。

第一节　“十四五”时期国内外经济社会发展环境

一、全球经济波折下行，我国推动高质量发展

当前，全球经济处于第五轮长周期的下行阶段。根据世界银行和国际货币基金组织的相关数据和预测，全球经济正处于国际金融危机后弱复苏的中周期[①]。受新冠肺炎疫情的影响，全球经济将严重收缩。

同时，我国经济正由高速增长阶段转向高质量发展阶段。高质量发展意味着经济结构调整，当前拉动经济的“三驾马车”遭遇不同程度的爬坡过坎环节，经济运行稳中有变、变中有忧的趋势还将延续。未来 5—10 年，中国经济潜在增长率会下降至 5%—6% 的

① 国家发展改革委经济研究所课题组．“十四五”及未来一个时期内我国社会结构变化的新情况、新趋势和新要求研究．内部研究报告，2018.

区间①。在国际经济周期下行的背景下，国内经济发展将面临周期性、结构性问题双重叠加，对就业、收入、消费带来综合影响。从全球经济格局来看，由中美贸易摩擦引发的贸易、科技、金融等关键环节的不确定性，以及新冠肺炎疫情的全球蔓延，将对我国未来发展造成巨大挑战。

二、国际形势复杂多变，我国社会结构发展变化

当今世界正处于百年未有之大变局，全球治理体系深刻调整。保护主义对全球经济和治理格局产生深远影响，全球民粹主义处于历史较高水平。近年来发生的法国“黄马甲”运动、斯里兰卡恐怖袭击事件、美国种族冲突事件等，都表明国际形势的不稳定性不确定性更加突出。

我国正处于世界新一轮科技革命、产业变革同我国经济社会发展转型的历史性交汇期。伴随我国国际地位增强，通过搭建国际平台取得广泛共识，引领世界规则的作用更加凸显，但面临的挑战也日益加大。同时，我国国内主要矛盾转变为人民日益增长的美好生活需要与不平衡不充分的发展之间的矛盾，社会结构还在进一步调整过程中。从人群上看，我国中等收入群体扩大，“90后”“00后”等新生代群体不断壮大，年轻一代网络原住民成为互联网用户的重要主体。从区域上看，我国东北地区人口负增长现象突出，以人口、人才指标为表征的区域发展不平衡需要引起注意。从城乡格局看，

① 徐林．建言“十四五”规划：合理目标与全方位创新．财新网，2019.5.27.

我国城镇化速度放缓，经济落后地区的发展动力机制有待进一步进行研究，民生保障和社会治理领域的部分制度存在明显的城乡分割。

三、世界人口继续增长，我国劳动人口下降

《世界人口展望（2019）》显示，未来30年世界人口将增加20亿人。印度有望在2027年超越中国成为世界第一人口大国，并在未来10年内成为劳动人口第一大国。长期来看，中国人口将呈现逐渐减少的趋势。

“十四五”期间，我国的人口总量将继续保持持续上升趋势，但也伴随着深度老龄化和少子化现象，出生人口逐年下降，面临少子化危机。据预测，我国65岁以上老年人口占比将在2021年超过14%，进入深度老龄化社会；在2031年超过21%，进入超老龄化社会。我国老年人口抚养比（65岁以上老年人口与15—64岁劳动年龄人口之比）从2017年的0.17继续上行，到2030年将突破0.3；人口抚养比（总体人口中非劳动年龄人口数与劳动年龄人口数之比）将从2018年的0.41上升到2030年的0.51。

劳动人口逐年下降，年龄不断老龄化。2019—2025年，我国15—64岁劳动年龄人口规模将从9.85亿人下降到9.75亿人，平均每年下降170万人左右。劳动年龄人口占比将从2019年的70.83%降至2035年的63.67%。同时，劳动年龄人口不断老龄化。45—64岁的大龄劳动人口占劳动年龄人口的比重将从2019年的40.16%提高到2025年的43.53%。

第二节　防范化解社会发展重大风险的总体思路

一、提升风险防御水平

“十四五”时期，防范化解社会发展重大风险，需要深入推进供给侧结构性改革，在改革中促进发展，在发展中保障民生，推进经济社会协调发展，实现社会风险可防可控，建立防范缓解社会发展重大风险的综合协调体系。

社会风险的爆发是时点性的，但社会风险的产生和形成是长期积累的结果。所以，防范化解工作重在日常，重在对风险根源的把控和化解。同时，强化风险意识，深刻把握内外部环境的新变化，切实增强忧患意识，始终保持战略定力。

二、提高风险自愈能力

提高社会各部门主动应对风险的能力。积极应对外部环境变化，加大国家安全防护，加强风险预警和舆情管理。尊重经济周期、人口结构和社会结构的变动规律。理顺内部制度环境，依法行政，尊重市场规律和社会发展自主性，向公众赋权赋能，积极运用自管自治的功能，发挥市场和社会应对“灰犀牛”事件的能力。

三、加强风险治愈功能

政府要加强对风险前、中、后期的风险全程管理功能，健全完善风险防控机制和风险研判机制。加强社会重大决策的社会稳定风险评估，将风险监测监管端口前移，加强社会风险的苗头处置，“黑天鹅”事件一旦出现便及时预警并控制影响。加强对风险过程和风险后的舆情管理，避免治理不当加剧风险影响。提高风险化解能力，主动识别和化解风险，增强理论修养和思维能力，强化斗争精神和斗争本质。

第三节　防范化解社会发展重大风险的对策建议

一、避免制度风险，坚持源头施策

1. 推进供给侧结构性改革

进一步理顺政府、市场和社会的关系，确保政策体系的持续性和连续性。协调社会各主体关系，加强人民主体地位法治保障，坚持公共政策的需求导向和问题导向，将涉及公共利益保护和公共资源公平配置的制度供给纳入供给侧结构性改革任务。转变政府职能，发挥好宏观调控、市场管理、公共服务和社会治理的职能，全面落实依法行政，加强社会重大政策的发布实施和监督落实工作。做好政策制定与政策实施之间的有效衔接。理顺中央政府与地方政府、上级职能部门与基层政府的权责关系，加强各级政府的工作协调。确保各项公共服务和管理政策的制定以群众的根本利益为出发点，政府部门不与民争利，不滥用职权，维护和谐的官民关系。各部门做好社会政策层面的综合改革方案并推动有效实施。确保政策制定环节充分考虑基层实际情况，避免朝令夕改，不能让群众承担改革的负面后果。

重点保障利益主体公平公正地享受社会公共利益、公共资源。针对城乡差别、地域差别、行业差别、阶层差别带来的社会公共资源分配不平等，加强宏观调控，缩小利益主体的收入差距。公平合理兑现合法正当利益诉求及保障，建立全社会畅通有序的利益表达机制，促进各利益主体间的沟通和协调。合理区分不当利益，健全利益协调机制，正确化解处置风险。加大对金融风险、食品药品安全、生产交通安全的宣传教育，动员社会广泛进行风险识别，加强全民风险防控意识。

2. 加强舆情综合管理

社会风险越来越与舆论传播捆绑在一起，不实谣言极易制造社会恐慌情绪，导致社会风险升级。要健全媒体变革时代的社会风险信息互动渠道和机制，正确有序引导和回应社会舆论，增强风险舆情全过程应对能力。倡导政府、媒体、网民等社会各界及时澄清谣言、还原真相。政府要完善信息处理制度、新闻发言人制度，通过官方网站、官方微博等平台及时进行信息发布，在事件发生后第一时间发出权威的声音，切实保障广大群众的知情权。大众媒体要坚持正确的舆论引导，及时报道事件真相，提高媒体的公信力和说服力。广大网民也要积极参与发布真实信息，不造谣不传谣，让谣言没有传播媒介，提供线索，还原真相。此外，政府要通过政策法规规制网络行为。通过完善法律法规规范网络运营商和广大网民的网络传播行为，依法查处编造、传播谣言等网络犯罪活动，维护健康的舆论环境。

二、保障国家安全，分类应对风险

1.促进重点群体就业

坚持实施就业优先政策，积极做好预判，缓解外部影响带来的就业压力。持续研判和监测中美贸易摩擦对相关行业和企业的影响，鼓励地方人社部门推出针对特定行业和工种的在岗培训、转岗培训和就业辅导服务，为后续可能存在的失业风险制定应对措施。针对外贸为主的地区，全面实施职业技能提升行动计划，推进就业创业培训。加大对农民工、就业困难群体等的培训力度，加大就业服务、公益性岗位开发力度。通过稳岗补贴、失业保险等政策措施，加大对阶段性就业压力和失业风险的保障。对计划裁员的企业实行提前报告制度，及时落实失业人员再就业帮扶、失业保险金发放或最低生活救助，避免由于大规模裁员引发社会不稳定。

扎实做好高校毕业生、退役军人、农民工等重点群体就业工作，加强对城镇各类就业困难人员的就业帮扶，坚决防止和纠正就业中的性别和身份歧视。实施职业技能提升行动，健全技术工人职业发展机制和政策。加快发展现代职业教育，改革完善高职院校考试招生办法，鼓励更多应届高中毕业生和退役军人、下岗职工、农民工等报考。扩大高职院校奖助学金覆盖面，提高补助标准，加快学历证书和职业技能等级证书互通衔接。改革高职院校办学体制，加强师资队伍建设，提高办学质量。引导一批普通本科高校转为应用型大学，支持企业和社会力量兴办职业教育，加快产教融合实训基地建设。

2. 深化推进收入分配制度改革

坚持使市场在资源配置中起决定性作用，促进政府更好地发挥自身作用，依法建立统一的、规则清晰的要素市场。消除体制性壁垒，降低对市场主体行为的制度性交易成本，有效进行市场监管，以市场公平、有序运行来引导各主体、各部门对流量收入、存量财产增长的合理预期。进一步完善劳动要素、资本要素、政策技术要素、政策管理要素等按贡献参与分配的系列政策。

在城镇化和农业现代化同步推进的基础上，加快完善以税收、社会保障、转移支付为主要手段的再分配机制，逐步缩小收入分配差距，使“调高、扩中、保低”的政策措施有效落地，促进基本公共服务均等化。建立支付能力稳定增强机制，切实保护消费者权益，合理调整分配关系，努力实现居民收入增长与国家经济同步提高。

3. 有效应对国内外经济社会伴生风险

健全国家安全体系，加强国家安全法治保障，提高防范和抵御安全风险的能力。严密防范和坚决打击各种渗透颠覆破坏活动、暴力恐怖活动、民族分裂活动、宗教极端活动。加强国家安全教育，增强全党全国人民国家安全意识，推动全社会形成维护国家安全的强大合力。

积极应对人口老龄化及其伴生现象，确保基础养老金稳定可持续。加大区域人口与经济社会协调发展力度，有序引导人口流动，加强人口管理和公共服务保障。实施食品安全战略，加大对国内食品药品安全的监管，让人民吃得放心。健全公共安全体系，完善安全生产责任制，坚决遏制重特大安全事故，提升防灾减灾救灾能力。加快社会治安防控体系建设，依法打击和惩治“黄、赌、毒、黑、拐、骗”等违法犯罪活动，保护人民人身权、财产权、人格权。

加强现代社会风险治理的人才队伍和体系建设，着力提高基层风险治理水平和治理能力。加强各级政府的社会风险事件监督治理能力建设，建立有序的社会风险治理机制并落实到人。尤其要加强基层政府工作人员的依法行政能力建设，确保政策制定、实施、评估与执行能力建设相结合，加大基层政府工作人员在政策执行环节的学习和培训力度。加强政府的监督管理职责，同时借助相关行业组织共同做好行业监管工作，加强食品药品监督管理、重点行业违法排查治理等与民生关系密切的行业监管。

三、联合多重主体，综合处置风险

1. 建立健全风险预警体系

综合考虑风险因素、风险事件、风险承担者、风险损失等因素，结合近年来社会发展重大风险的发展趋势，构建社会发展重大风险指标体系，建立健全“十四五”时期社会发展重大风险预警体系。

对社会发展重大风险影响因素进行分析与评估。综合考虑我国近年来的发展趋势和“十四五”时期的阶段性特征，运用科学严谨的分析方法和评估工具，对“十四五”时期诱发社会发展重大风险的各种因素进行甄别与评估。充分发挥大数据、人工智能等新技术在识别、分析和评估社会发展重大风险中的作用，不断提升风险识别、分析和评估的科学性、高效性。

建立健全社会发展重大风险事件的应急处置制度体系。充分总结和借鉴国内外社会发展重大风险应急处置相关经验，建立健全相关应急处置制度体系，形成政府主导、多方参与、群策群力的治理格局。建立和完善社会发展重大风险应急处置的社会动员机制，充分整合和调动社会资源、社会力量，使国家、市场、社会、个人形成合力，打造防范化解社会发展重大风险的“命运共同体”。

以现有的社会救助体系为基础，结合“十四五”时期社会发展的阶段性特征，不断完善针对社会发展重大风险的风险承担者的救助帮扶体系。具体而言，应充分发挥社会保障在应对社会发展重大风险中的主导作用，扩大保障覆盖面，提高保障水平；充分发挥商业保险的辅助作用，引导人民群众树立“花钱买平安”的思想观念；充分发挥民间救助的基础性作用，调动企业、社会组织、公民等多方力量承担应对社会发展重大风险的社会责任，调动其参与社会救助的积极性。

2. 形成完整的政策措施体系

加强社会重大政策制定和实施的社会风险稳定评估，源头预防和化解风险。正确面对可能存在的社会风险，针对潜在的和已暴露出的社会风险事件实施综合治理。建立与公共安全风险相匹配、覆盖应急管理全过程、全社会共同参与的突发事件应急体系。

缓和与化解社会矛盾。尽早发现和排查社会发展重大风险隐患，及时缓和、化解社会矛盾冲突，从而达到防患于未然的目的。针对“十四五”时期政治、经济、社会、文化、生态等领域容易引发社会矛盾和社会冲突的因素进行研究，形成相应的应对措施，建立多层次、多元化、多样性的社会矛盾调解机制。坚持以人民为中心的发展思想，切实保障和改善民生。

恢复与维护社会秩序。社会矛盾冲突一旦突破了群体、区域的边界，必将对社会正常秩序造成破坏。要在社会风险事件爆发初期，启动相应预警机制，将事件影响及时控制在一定范围。在这一过程中，应坚持总体国家安全观和底线思维，对危害社会秩序的各种社会矛盾和社会冲突进行具体分析，既要充分发挥国家在恢复与维护社会秩序中的中流砥柱作用，也要充分调动企业、社会组织和个人在恢复与维护社会秩序中的主动性和积极性，形成维护社会正常秩序的“命运共同体”。

3. 构建共责共担的风险复合治理机制

增强政府应对社会发展重大风险的治理能力。在社会发展重大风险治理体系中，政府居于核心地位，发挥着中流砥柱的作用。因此，政府应承担社会发展重大风险治理的公共责任，同时不断提高其应对社会发展重大风险的治理能力，进一步推进社会发展重大风险治理体系和治理能力现代化。

充分发挥市场、社会对社会发展重大风险的治理功能。在社会发展重大风险治理体系中，市场和社会是非常重要的依靠力量。应积极培育、完善和壮大市场与社会，激发它们的活力，提高其自我组织能力和自我规范能力，充分发挥其治理功能。

提高个人、组织的公共责任感、风险意识和风险识别能力。在社会发展重大风险治理体系中，个人和组织并不是被动的接受者，而是风险治理的重要参与者。应通过提高个人、组织的公共责任感、风险意识和风险识别能力，提升其理性行为和理性决策的能力。

培养和增强社会信任。在社会发展重大风险爆发时，培养和增强社会信任有利于国家、市场、社会和个人自愿履行其公共责任。要以建立和健全社会信用体系为基础，不断增强国家、市场、社会和个人之间的信任程度，形成多元主体共同防范和化解社会发展重大风险的合力。

（执笔人：李璐）

主要参考文献：

［1］国家发展改革委经济研究所课题组．“十四五”及未来一个时期内我国社会结构变化的新情况、新趋势和新要求研究．内部研究报告，2018.

［2］中国社科院世界社保研究中心．中国养老金精算报告 2019—2050. 北京：中国劳动社会保障出版社，2019.

［3］中国互联网络信息中心．中国互联网络发展状况统计报告．内部报告，2019.

［4］国家互联网信息办公室．数字中国建设发展报告（2017）．内部报告，2018.

［5］中国信息通信研究院．中国数字经济发展和就业白皮书（2018）．内部报告，2019.

［6］段炳德．中美贸易摩擦对我国制造业就业的潜在影响分析．中国劳动关系学院学报，2018（6）．